はじめてのクッキー缶

もらってうれしい小さなお菓子と詰め方のコツ

加藤里名

家の光協会

はじめに

小さいころに感じた、クッキー缶の蓋を開ける瞬間の幸福感。
どのクッキーから食べようと目移りしてしまう種類の多さに
ワクワクする感情は、大人になっても変わりません。

お菓子をつくるようになってからは、食べる際の幸福感だけでなく
自分の好きなクッキーを欲張りに、すき間なく缶に詰めていく達成感も
味わうことができるようになりました。
眺めているだけでも幸せな気持ちにさせてくれるクッキー缶は
思わず誰かに贈りたくなり、幸せを共有したくなります。

缶にぎっしり並んだクッキーの種類の多さに
つくるのが難しそうと感じるかもしれませんが、
本書では、1つの生地から数種類のフレーバーのクッキーをつくり
詰めていくクッキー缶を、数多くご紹介しています。
基本のクッキー生地に副材料を加えるだけで、
味のバリエーションを無限に楽しむことができます。

32パターンのデザインを参考にして、
まずは、1つの生地でつくれる小さなクッキー缶にチャレンジして、
慣れてきたら、大きな缶にいくつものクッキーをぎっしり詰めてみてください。
アレンジも自由自在。
つくる前に缶とクッキーの大きさを決め、
好きなフレーバーのクッキーを詰めて
オリジナルのクッキー缶をつくることもできます。

さまざまなシーンで贈りものとしても最適な、小さなお菓子の詰め合わせ。
贈る側、贈られる側ともに楽しめるクッキー缶をぜひつくってみてください。

加藤里名

part.1

クッキー缶のバリエーション

part.2

クッキーのレシピ

基本のアイスボックスクッキー

クッキー缶のクッキーについて

クッキー缶は、人に差し上げることが多いため、持ち歩いても割れにくいものがおすすめです。すき間に詰められる小さな焼き菓子も知っておくとよいでしょう。クッキー缶の魅力は、いろいろな種類のクッキーが小さな缶の中に美しく詰められた様子。色や形、トッピングのバリエーションで、華やかなクッキー缶がつくれます。

クッキー缶に向くクッキーの特徴

割れにくいもの

細長い形のクッキーは割れやすいので、安定感のある丸形などが向いています。また、やわらかくて崩れやすいクッキーもおすすめしません。本書のクッキー缶には緩衝材を入れていませんので、その分、すき間なく詰めることが大切です。

小さいもの

すべてが小さいクッキーでなくてもかまいませんが、小さなお菓子をたくさん詰めるとかわいく仕上がります。また、小さく絞ったメレンゲやアマンドショコラなど、すき間を埋めるミニサイズの焼き菓子は、クッキー缶にはなくてはならない名脇役。

色のあるもの

シンプルなクッキーだけだと、形を変えても、全体が薄茶色い見た目になってしまうので、トッピングや練り込み素材で色を入れるのがポイント。トッピングはドライフルーツ、チョコレート、アイシングなど、練り込む素材はココアや抹茶などが定番です。

日持ちするもの

本書で紹介するクッキーは乾燥剤を入れた容器で約10日間（メレンゲは1か月間）、おいしく食べられます。缶に詰めるときに、できれば乾燥剤を入れて差し上げるとよいでしょう。テープで缶の蓋のすき間を封じておくと、より湿気にくく長持ちします。

クッキーの生地について

本書のクッキーは、基本的に3つの生地でつくります。それぞれの生地の大きな違いは、冷やしたかたいバターを使うか、常温においたやわらかいバターを使うか、絞り出して焼くかに分けられます。基本のクッキーがマスターできれば、別の素材を練り込んだり、トッピングを施したりして、さまざまなクッキーがつくれます。

本書でつくる3つの生地

アイスボックスクッキー

冷たいバターでつくる、ザクザク、ほろほろとした食感が特徴のクッキーです。冷やしたバターと粉類を切るように細かく刻んで、サラサラな粉状にするのがポイント。まとめた生地は筒状に伸ばしてから冷やし、輪切りにして焼きます。周りに粗めのグラニュー糖をまぶして焼くことから、フランス語でディアマン(＝ダイヤモンドの意味)とも呼ばれます。

型抜きクッキー

やわらかいバターでつくる、サクサクして口どけのよい薄焼きクッキーです。へらで簡単につぶせるくらいにやわらかくしたバターと全卵を使った生地を薄く伸ばして焼くことで、繊細な口当たりになります。本書では、直径3.5cmの丸型と菊型を使用。また、型は使わずに、3.5cm四方にカットして焼く方法も紹介しています。スノーボール、ショートブレッド、ガレットブルトンヌもこの仲間です。

絞り出しクッキー

卵白を使ってつくる、口当たりがなめらかで、ややしっとりした食感のクッキーです。やわらかいバターを使い、卵白を混ぜ込んだ生地は、ほかの2つと違って生地を寝かせる時間が必要ないので、生地を混ぜたらすぐに絞って焼くことができます。本書では、バラ形、サークル形、シェル形、スクエア形の4つの絞り方を紹介しています。ラングドシャ、メレンゲもこの仲間です。

容器について

クッキー缶の主役はクッキーなので、缶はなるべくシンプルで主張のないものがおすすめです。クッキー缶をつくる際、まず初めに缶のサイズに合わせてクッキーのサイズを決めます。本書では、製菓材料の通販サイト「cotta（コッタ）」で取り扱っている以下の5つの缶を使っています。

本書で使用する缶の種類

長方形

大小2つのサイズがあります。小はコンパクトなサイズで、仰々しくなりすぎず、ほどよい大きさ。大は深さがあるので、ガレットブルトンヌなどの大きめのクッキーも入り、枚数もたくさん詰められるので、大勢の集まりにぴったり。

正方形

深さは長方形の大と同じなので、割とたっぷり入ります。厚みのあるアイスボックスクッキーが36枚も入る大きさ。直径4cmのクッキーの正面を上にして並べたときに、縦横3列ずつ入るので詰めやすいです。

丸形

丸形は詰めるのが難しそうに見えますが、スノーボールやクラッカーなど、小さいクッキーをランダムに詰めるとかわいいです。また、側面に沿って縦に立てて並べると動きが出て、上級なクッキー缶に見えます。

細長い形

使用した缶の中で、いちばん小さいサイズ。直径3.5cmのクッキーが縦一列にぴったりおさまります。少量しか入らないので、ちょっとしたプレゼントに。複数のクッキー缶をつくりたいときにも便利です。

写真左から、長方形（大）－プレーン缶 角 106L（123×168×H52mm）、細長い形－プレーン缶角B-1（44×164×H36mm）、長方形（小）－プレーン缶 角 72S（80×124×H37mm）、丸形－プレーン缶 丸 17S（直径104×H37mm）、正方形－プレーン缶 角 96L（124×124×H52mm）
＊いずれもcotta（サイトのアドレスは巻末参照）

詰め方について

詰め方にはいくつかの法則があります。正面を上に向けて重ねて詰めるか、側面を見せて立てて詰めるか。両方の面をバランスよく見せましょう。また、小さいクッキーを何種類か、ランダムに詰めてもかわいいです。缶の内側にグラシン紙を敷いてから詰めるとよいでしょう。

上手に詰めるためのポイント

サイズをはかる

クッキー缶を上手に仕上げるには、レシピに記載されたサイズどおりにつくること。大きすぎると入らず、小さすぎるとすき間が空いてしまいます。アイスボックスクッキーは焼くと少し広がるため、その分を計算したレシピになっています。焼き上がったクッキーの中から、サイズどおりに焼けたものを選んで詰めるとよいでしょう。

端から順に詰める

正面を上にして重ねるものから詰め、空いたスペースに縦に立てて詰めていきます。お弁当を詰めるように、菜箸で詰めるとやりやすいです。すき間に入れる小さなお菓子は最後にバランスを見て入れましょう。それぞれのクッキー缶のページに、詰める順番について記載がありますので、参考にしてください。

ランダムに詰める

小さなお菓子をランダムに詰める場合は、同じクッキーが隣同士にならないよう、バランスを見て、すき間を埋めるように詰めていきます。複数のブロックに分けて、1種類ずつをまとめて詰めてもきれいです。すき間を埋めるのに重宝するメレンゲは、できるだけ小さく絞って焼くのがコツです。

つくる前の注意事項

クッキー缶を作る手順について

本書で紹介しているクッキーは、基本の3つの生地をベースに、副材料を加えることでバリエーションを増やしています。つくりたいクッキー缶が決まったら、以下の手順に従ってつくってみましょう。

❶缶に入るクッキーを確認する　写真Ⓐ
part.1のクッキー缶のバリエーションのページに記載しているA〜Gのクッキーの内容を確認する。

❷基本の生地をつくる　写真Ⓑ
基本のクッキーのつくり方ページを参照して生地をつくり、ひとつの生地から複数のクッキーをつくる場合は、生地を等分する。

❸副材料を加える　写真Ⓒ
個々のクッキーのページに記載している副材料を、必要な分量だけ加える。つくる缶によって、副材料を加える量は1/2量や1/4量と変わる。

❹基本のつくり方に戻る　写真Ⓑ
副材料を混ぜたら、再び基本のつくり方のページに戻り、工程に沿ってつくる。焼き時間は、記載がない限り、基本のつくり方と同様に焼く。

❺缶に詰める　写真Ⓐ
クッキー缶のページの手順を元に、でき上がったクッキーを詰めていく。A〜Gの枚数はクッキー缶に入る枚数の目安。実際は、その個数より多めにでき上がる。

複数のクッキーをつくる段取りについて

クッキー缶は、複数のクッキーを詰め合わせたものです。本書で紹介している生地のうち、アイスボックスクッキーと型抜きクッキーは、生地が固まるまで冷やすのに時間がかかります。一晩寝かせるとおいしくなるので、1日で最初から最後までつくるのが大変であれば、前日に生地をつくって冷やしておき、当日は焼くだけにすると、負担が少なくてすみます。生地は3日間冷蔵できるので、時間があるときにつくっておいてもよいでしょう。

クッキー缶に必要なクッキーの分量について

part.2(p.45〜)のクッキーのレシピページでは、材料はつくりやすい分量で表記されています。それぞれのクッキー缶に必要な分量は、part.1(p.11〜)のクッキー缶のページに記載されているので、必要な分量でつくってください。

オーブンについて

本書では、電気オーブンを使用しています。オーブンは機種によって焼き具合が異なりますので、状態を見て調整してください。外側は早く焼けることが多いので、焼けたところから取り出しましょう。

チョコレートについて

トッピング用のチョコレートは、製菓用のチョコレートを湯煎にかけ、40℃まで温めて溶かします。レンジで溶かす場合は、600Wで30秒ずつレンジにかけ、そのつどゴムべらで混ぜながら少しずつ溶かします。一度にかけると熱が均等にいきわたらずに焦げついてしまいます。

part. I

クッキー缶のバリエーション

ひとつの生地でつくる

アイスボックスクッキー缶

アイスボックスクッキーは練り込む素材でバリエーションが広がります。
いちごジャムのトッピングとチョコチップがアクセント。

A	B
C	A
B	D

使用する缶
cottaプレーン缶──角 72S(80×124×H37㎜)

クッキー
A アイスボックスクッキー　いちごジャム(→p.56)──6枚
B アイスボックスクッキー　クランベリーチョコ(→p.53)──6枚
C アイスボックスクッキー　ココナッツライム(→p.54)──3枚
D アイスボックスクッキー　プレーン(→p.48)──3枚

手順
1. 基本のアイスボックスクッキーの生地
 (→p.48)を工程**4**までつくって4等分に
 し、**A~D**を1/4量ずつつくる(**A~C**は【追
 加の材料】を1/4量ずつ加える)。
2. 左端から順に、3枚ずつ重ねて詰める。

＊上記の分量で1缶分

ひとつの生地でつくる

アイスボックスクッキー缶

抹茶やココアを混ぜ込むと、色のバリエーションが出て華やかに。
グラニュー糖をつけた側面も見せて、見た目の違いも出しましょう。

A	B	D
B	C	A
D	A	C

使用する缶
cottaプレーン缶─角 96L（124×124×H52㎜）

クッキー
A アイスボックスクッキー　アーモンドココア（→p.50）─12枚
B アイスボックスクッキー　抹茶ホワイトチョコ（→p.51）─8枚
C アイスボックスクッキー　クランベリーピスタチオ（→p.52）─8枚
D アイスボックスクッキー　オレンジアールグレイ（→p.54）─8枚

手順
1. 基本のアイスボックスクッキーの生地（→p.48）を2倍量で工程4までつくって4等分にし、A〜Dを1/4量ずつつくる（【追加の材料】はレシピの1/2量ずつ加える）。
2. 左端から順に、4枚ずつ重ねるか縦に並べて詰める。

＊上記の分量で1缶分

13

プレーンの型抜きクッキー生地だけでつくる、4種の詰め合わせ。
粉糖をまとったジャムサンドが主役の、乙女心をくすぐるクッキー缶。

型抜きクッキー缶

ひとつの生地でつくる

B	D
A	B
C	A

<!-- QR code -->

使用する缶
cottaプレーン缶──角 72S(80×124×H37mm)

クッキー
A 型抜きクッキー　いちごジャムサンド(→p.66)──菊形6組
B 型抜きクッキー　レモンアイシング(→p.67)──丸形11枚
C 型抜きクッキー　プレーン(→p.58)──丸形7枚
D 型抜きクッキー　スイートチョコレートがけ(→p.69)──菊形5枚

手順
1. 基本の型抜きクッキーの生地(→p.58)を工程**11**までつくって生地を伸ばし、**A**〜**D**を1/4量ずつつくる(**A**の【追加の材料】は1/4量、**B**、**D**の【追加の材料】は1/2量を加える)。
2. 端から順に**A**、**B**、**D**を重ねて詰め、空いたところに**B**、**C**を縦に詰める。

＊上記の分量で2缶分

14

型抜きクッキー缶

ひとつの生地でつくる

抹茶とココア、プレーンの生地でつくった4種の型抜きクッキー。マーブル模様は正面を、ココアと抹茶は側面の波形を見せるのがポイント。

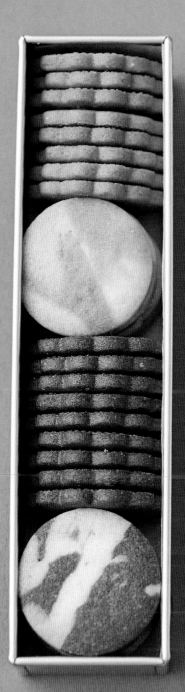
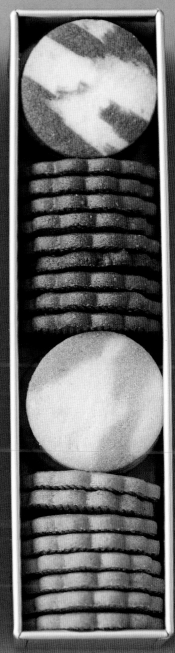

B		C	
D		A	
D		D	
A		D	
C		B	

使用する缶
cottaプレーン缶—角 B-1（44×164×H36mm）

クッキー
A 型抜きクッキー　ココア（→p.62）—菊形9枚
B 型抜きクッキー　抹茶（→p.62）—菊形8枚
C 型抜きクッキー　ココアとプレーンのマーブル（→p.62）—丸形7枚
D 型抜きクッキー　抹茶とプレーンのマーブル（→p.62）—丸形7枚

手順
1. 基本の型抜きクッキーの生地（→p.58）を工程**7**までつくって4等分にし、**A**～**D**を1/4量ずつつくる（【追加の材料】を1/4量ずつ加える）。
2. 端から順に詰める。

＊上記の分量で2缶分

絞り出しクッキー缶

ひとつの生地でつくる

絞り出しクッキーは、大きさや形、模様で変化をつけます。プレーン生地を4つの形に絞り、チェリーやフロランタンなどをトッピング。

使用する缶
cottaプレーン缶─角 72S（80×124×H37㎜）

A	B
D	C
B	A

クッキー
A 絞り出しクッキー　フロランタン（→p.84）─サークル形8枚
B 絞り出しクッキー　チョコレートがけ（→p.83）─スクエア形8枚
C 絞り出しクッキー　チェリー（→p.84）─バラ形5枚
D 絞り出しクッキー　プレーン（→p.80、p.85）─シェル形13個

手順
1. 基本の絞り出しクッキーの生地（→p.80）を工程**10**までつくって、絞り袋に適量を詰め、**A**〜**D**を1/4量ずつ絞る。
2. **A**、**B**は1/2量、**C**は1/4量のトッピングでつくって焼く。
3. 端から順に**A**、**B**、**C**を重ねて詰め、空いたところに**C**を1枚と**D**を詰める。

＊上記の分量で1缶分

ひとつの生地でつくる

絞り出しクッキー缶

小さなシェル形の絞り出しクッキーは、ひと口サイズで食べやすい。

色やトッピング違いの4種をミックスして、キュートなアソートに。

使用する缶
cottaプレーン缶―角 B-1 (44×164×H36㎜)

クッキー
A 絞り出しクッキー　レモンアイシング(→p.83)―シェル形8個
B 絞り出しクッキー　ココア(→p.82)―シェル形8個
C 絞り出しクッキー　紅茶(→p.82)―シェル形7個
D 絞り出しクッキー　いちご(→p.83)―シェル形7個

手順
1. 基本の絞り出しクッキーの生地(→p.80)を工程6までつくって4等分にし、A～Dを1/4量ずつつくる(B、Cの【追加の材料】、Dのいちごパウダーは1/4量ずつ加える。Aのアイシング、Dのチョコレートは1/2量にする)。
2. 4種類をランダムに、3段くらい詰める。

＊上記の分量で2缶分

17

ひとつの生地でつくる

スノーボール缶

スノーボールといえば丸い形が定番ですが、四角く焼いてもかわいい。
ここでは、正方形の箱に丸と四角、2色ずつを詰め合わせました。

プレーン＆いちご

使用する缶
cottaプレーン缶──角 96L(124×124×H52㎜)

クッキー
A スノーボール プレーン(→p.70)──丸形20個
B スノーボール いちご(→p.72)──丸形20個

手順
1. 基本のスノーボールの生地(→p.70)を工程6まで
　つくって2等分にし、A、Bを1/2量ずつつくる(Bは
　【追加の材料】を1/2量加える)。
2. 缶の対角線上に紙などを立てて仕切り、A、Bを詰
　めた後で紙を外す。

＊上記の分量で1缶分

抹茶＆ゆず

使用する缶
cottaプレーン缶──角 96L(124×124×H52㎜)

クッキー
A スノーボール 抹茶(→p.72)──角形24個
B スノーボール ゆず(→p.73)──角形24個

手順
1. 基本のスノーボールの生地(→p.70)を2倍量で工
　程6までつくって2等分にし、A、Bを1/2量ずつつく
　る(【追加の材料】は全量を加える)。
2. A、Bが上下半分になるよう、8個×3段を詰める。

＊上記の分量で1缶分

ひとつの生地でつくる
ラングドシャ缶

使用する缶
cottaプレーン缶—丸 17S（直径104×H37mm）

クッキー
A ラングドシャ プレーン（→p.86）—10枚
B ラングドシャ ココア（→p.90）—10枚
C ラングドシャ 緑茶（→p.90）—10枚

手順
1. 基本のラングドシャの生地（→p.86）を工程**8**まX でつくって3等分にし、**A**〜**C**を1/3量ずつつ くる（**B**、**C**は【追加の材料】を1/3量ずつ加える）。
2. 缶の周囲に沿って縦に並べ、中央に3枚重 ねて詰める。

＊上記の分量で1缶分

丸い缶に、３色のラングドシャを
縦に並べると、まるで花のよう。

ひとつの生地でつくる **フロランタン缶**

使用する缶
cottaプレーン缶
—角 72S（80×124×H37mm）

クッキー
A フロランタン アーモンド（→p.64）
—8枚
B フロランタン ごま（→p.65）—7枚

手順
1. 基本の型抜きクッキーの生地 （→p.58）を工程**10**までつくって2等 分にし、**A**、**B**を1/2量ずつつくる（16 ×22cmの生地を2枚焼き、ヌガーは各 1/2量でつくる）。
2. **A**、**B**が互い違いになるよう、5枚× 3段を詰める。

＊上記の分量で2缶分

缶のサイズにぴったり合わせて
カットすると美しい仕上がりに。

チョコレートクッキー缶

チョコレートをサンドしたり、ディップしたり、練り込んだりした
4種のクッキーを詰め合わせ。お好きなチョコレートでつくってみて。

手順（3つ共通）

1. 基本の型抜きクッキーの生地（→p.58）を工程11までつくって生地を伸ばし、
   A、Bを1/2量ずつつくる
   （チョコレートはA～C共通で使い、計100g用意する）。
2. **C**はレシピの全量でつくる。
3. **D**はレシピの1/2量でつくる。
4. 左端から順に詰め、最後に**D**を詰める。

＊上記の分量で3缶分

スイートチョコ

A	C	B	D

使用する缶
cottaプレーン缶——角 B-1（44×164×H36mm）

クッキー
A 型抜きクッキー　スイートチョコレートがけ（→p.69）——正方形6枚
B 型抜きクッキー　スイートチョコレートサンド（→p.69）——菊形3組
C ラングドシャ　スイートチョコレートサンド（→p.89）——3組
D スノーボール　スイートチョコレート（→p.74）——4個

ストロベリーチョコ

A	C	B	D

使用する缶
cottaプレーン缶——角 B-1（44×164×H36mm）

クッキー
A 型抜きクッキー　ストロベリーチョコレートがけ（→p.69）——正方形6枚
B 型抜きクッキー　ストロベリーチョコレートサンド（→p.69）——菊形3組
C ラングドシャ　ストロベリーチョコレートサンド（→p.89）——3組
D スノーボール　ストロベリーチョコレート（→p.74）——4個

ホワイトチョコ

A	C	B	D

使用する缶
cottaプレーン缶——角 B-1（44×164×H36mm）

クッキー
A 型抜きクッキー　ホワイトチョコレートがけ（→p.69）——正方形6枚
B 型抜きクッキー　ホワイトチョコレートサンド（→p.69）——菊形3組
C ラングドシャ　ホワイトチョコレートサンド（→p.89）——3組
D スノーボール　ホワイトチョコレート（→p.74）——4個

レモンクッキー缶

メレンゲの白が際立つ
さわやかで大人っぽい缶。

いちごクッキー缶

女性や子どもに
喜ばれそうな
ピンク色のラブリーな缶。

使用する缶
cottaプレーン缶—丸 17S(直径104×H37㎜)

クッキー
A 型抜きクッキー いちごジャムサンド(→p.66)—菊形8組
B スノーボール いちご(→p.72)—7個
C メレンゲ いちご(→p.90)—10個

手順
1. A、Bはレシピの1/2量でつくる。
2. Cはレシピの全量でつくる。
3. Aを3組重ねて詰めた後、缶の周囲に沿って残りを縦に
　詰め、空いたところにBとCをランダムに詰める。

＊上記の分量で2缶分

使用する缶
cottaプレーン缶—丸 17S(直径104×H37㎜)

クッキー
A 型抜きクッキー レモンアイシング(→p.67)—丸形12枚
B スノーボール レモン(→p.73)—8個
C メレンゲ レモン(→p.88)—10個

手順
1. A、Bはレシピの1/2量でつくる。
2. Cはレシピの全量でつくる。
3. Aを5枚重ねて詰めた後、缶の周囲に沿って残りを縦に
　詰め、空いたところにBとCをランダムに詰める。

＊上記の分量で2缶分

ひとつの生地でつくる

チーズクッキー缶

サクサクとした甘じょっぱい味で、ビールのおつまみにぴったり。
一度に4種類つくれるので、手間はそれほどかかりません。

使用する缶
cottaプレーン缶―角 96L（124×124×H52㎜）

クッキー
A チーズクッキー　プレーン（→p.63）―16枚
B チーズクッキー　カレー（→p.63）―16枚
C チーズクッキー　バジル（→p.63）―16枚
D チーズクッキー　ポピーシード（→p.63）―16枚

手順
1. チーズクッキーの生地（→p.63）を2倍量でつくり、**A**〜**D**の
   トッピングを4種類、振りかけて焼く。
2. 端からトッピングがランダムになるように、8枚ずつ重ねて
   詰める。

＊上記の分量で1缶分

ひとつの生地でつくる

おつまみクラッカー缶

チーズを混ぜ込んだ塩味のクラッカーに、4つの素材をトッピング。
小さな四角形がおつまみにちょうどよく、つい手が伸びてしまいます。

使用する缶
cottaプレーン缶——丸 17S（直径104×H37㎜）

クラッカー
A クラッカー　チーズ（→p.95）——14枚
B クラッカー　青のり&ごま（→p.95）——14枚
C クラッカー　ハーブ（→p.95）——14枚
D クラッカー　パプリカ（→p.95）——14枚

手順
1. クラッカーの生地（→p.95）をつくり、**A**〜**D**の
　 トッピングを4種類、ふりかけて焼く。
2. 4種類を4つに区切って詰める。

＊上記の分量で1缶分

おつまみクッキー缶

ラムコーヒーやチーズ、くるみなど、大人向きの味の組み合わせ。
おつまみサイズに小さく焼き上げたのも、お酒のアテにはうれしい。

使用する缶
cottaプレーン缶──角 B-1（44×164×H36㎜）

クッキー
A ショートブレッド ラムコーヒー（→p.77）──16個
B アイスボックスクッキー チーズ（→p.57）──14個
C くるみの糖衣がけ（→p.92）──8個

手順
1. A、Bはレシピの1/2量でつくる。
2. Cはレシピの全量でつくる。
3. 4種類をランダムに、3段くらい詰める。

＊上記の分量で3缶分

春のクッキー缶

いちご、クランベリー、ラズベリーのピンクと、抹茶のグリーンを
詰め合わせた缶は、桜を思わせるビジュアルで春にぴったり。

A	C	B
C	E	D
D	B	A

使用する缶
cottaプレーン缶—角 96L(124×124×H52㎜)

クッキー
A アイスボックスクッキー
　　　　クランベリーチョコ(→p.53)—8枚
B アイスボックスクッキー　抹茶(→p.51)—8枚
C 型抜きクッキー　シュガー(→p.61)—菊形14枚
D 型抜きクッキー
　　　　ラズベリーアイシング(→p.68)—正方形14枚
E スノーボール　いちご(→p.72)—5個

手順
1. 基本のアイスボックスクッキーの生地(→p.48)を工
程4までつくって2等分にし、A、Bを1/2量ずつつくる
(【追加の材料】を1/2量ずつ加える)。
2. 基本の型抜きクッキーの生地(→p.58)を工程11まで
つくって生地を伸ばし、C、Dを1/2量ずつつくる(【追
加の材料】を1/2量ずつ加える)。
3. Eはレシピの1/2量でつくる。
4. A〜Dを端から順に重ねて詰め、真ん中にEを詰める。

＊上記の分量で1缶分

夏のクッキー缶

レモンやオレンジの柑橘類、ローズマリーやラベンダーなどのハーブは
夏の暑いときに、口の中をさわやかにしてくれます。

A	C	B
C	E	D
D	B	A

使用する缶
cottaプレーン缶 一角 96L（124×124×H52mm）

クッキー
A アイスボックスクッキー レモンポピーシード（→p.54）
　—8枚
B アイスボックスクッキー ローズマリー（→p.53）—8枚
C 型抜きクッキー レモンアイシング（→p.67）—菊形14枚
D 型抜きクッキー ラベンダーアイシング（→p.67）
　—正方形14枚
E スノーボール オレンジ（→p.73）— 5個

手順
1. 基本のアイスボックスクッキーの生地（→p.48）を工程4までつくって2等分にし、A、Bを1/2量ずつつくる（【追加の材料】を1/2量ずつ加える）。
2. 基本の型抜きクッキーの生地（→p.58）を工程11までつくって生地を伸ばし、C、Dを1/2量ずつつくる（【追加の材料】を1/2量ずつ加える）。
3. Eはレシピの1/2量でつくる。
4. A〜Dを端から順に重ねて詰め、真ん中にEを詰める。

＊上記の分量で1缶分

27

秋のクッキー缶

さつまいもやかぼちゃなどのホクホクした野菜を練り込みました。キャラメルやメープルのコクのある甘さを加えて。

A	C	B
C	E	D
D	B	A

使用する缶
cottaプレーン缶―角 96L（124×124×H52㎜）

クッキー
A アイスボックスクッキー かぼちゃ（→p.55）―8枚
B アイスボックスクッキー さつまいも（→p.55）―8枚
C 型抜きクッキー キャラメル（→p.60）―菊形14枚
D 型抜きクッキー メープル（→p.60）―正方形14枚
E スノーボール 紫いも（→p.72）―5個

手順
1. 基本のアイスボックスクッキーの生地（→p.48）を工程4までつくって2等分にし、A、Bを1/2量ずつつくる（【追加の材料】を1/2量ずつ加える）。
2. C、D、Eはレシピの1/2量でつくる。
3. A〜Dを端から順に重ねて詰め、真ん中にEを詰める。

＊上記の分量で1缶分

冬のクッキー缶

冬の定番、ジンジャークッキーや、アプリコットなどのドライフルーツをミックス。白いスノーボールが冬気分を盛り上げます。

A	C	B
C	E	D
D	B	A

使用する缶
cottaプレーン缶─角 96L(124×124×H52㎜)

クッキー
A アイスボックスクッキー アプリコット(→p.52)─8枚
B アイスボックスクッキー クランベリーピスタチオ
　　(→p.52)─8枚
C 型抜きクッキー ジンジャー(→p.61)─菊形14枚
D 型抜きクッキー スイートチョコレートがけ(→p.69)
　　─正方形14枚
E スノーボール くるみ(→p.74)─5個

手順
1. 基本のアイスボックスクッキーの生地(→p.48)を工程4までつくって2等分にし、A、Bを1/2量ずつつくる(【追加の材料】を1/2量ずつ加える)。
2. 基本の型抜きクッキーの生地(→p.58)を工程7までつくって2等分にし、C、Dを1/2量ずつつくる(【追加の材料】を1/2量ずつ加える)。
3. Eはレシピの1/2量でつくる。
4. A〜Dを端から順に重ねて詰め、真ん中にEを詰める。

＊上記の分量で1缶分

29

バレンタインクッキー缶

3種類のココア味のクッキーに、ラズベリーのメレンゲでアクセントを。
ほろ苦いココアクッキーは、男女問わず、だれもが好きな味わいです。

使用する缶
cottaプレーン缶──角 96L（124×124×H52㎜）

クッキー
A ガレットブルトンヌ ショコラ（→p.79）──6枚
B アイスボックスクッキー ココア（→p.50）──10枚
C アマンドショコラ（→p.93）──35個
D メレンゲ ラズベリー（→p.91）──10個

手順
1. A、C、Dはレシピの全量でつくる。
2. Bはレシピの1/2量でつくる。
3. 右上と左下にAを重ねて詰め、Bを縦に並べる。空いた
   ところにCを詰め、すき間にDを詰める。

＊上記の分量で1缶分

C	A
B	A
A	B
	C

すき間にD

ひとつの生地でつくる

バレンタインクッキー缶

プレーンなクッキーにチョコレートやドライフルーツなどをトッピング。
基本の分量で3缶できるので、複数缶つくりたいときにおすすめです。

使用する缶
cottaプレーン缶──角 B-1（44×164×H36㎜）

クッキー
A マンディアン スイートチョコレート（→p.68）──丸形11枚
B マンディアン ホワイトチョコレート（→p.68）──丸形10枚

手順
1. 基本の型抜きクッキーの生地（→p.58）をつくって焼く。
2. トッピングを変えて、A、Bを1/2量ずつくる。
3. 端に5枚重ねて詰め、残りはAとBが背中合わせになるよ
   うに、縦に並べて交互に詰める。

＊上記の分量で3缶分

クリスマスクッキー缶

星や月をかたどったクッキーや、ツリー形のジンジャークッキーで、
雪降るクリスマスの夜をイメージしました。

B	C	
A	B	D
C	A	C

すき間に星型クッキー

使用する缶
cottaプレーン缶──角 96L(124×124×H52㎜)

クッキー
A 型抜きクッキー　ジンジャー(→p.61)──ツリー形18枚
B 型抜きクッキー　アプリコットジャムサンド(→p.66)──菊形8組
C アイスボックスクッキー　クランベリーピスタチオ(→p.52)──12枚
D スノーボール　キプフェル(→p.75)──8個

手順
1. 基本の型抜きクッキーの生地(→p.58)を工程**7**までつくって2等
　分にし、**A**、**B**を1/2量ずつつくる(【追加の材料】を1/2量ずつ加える)。
　アプリコットジャムサンドをつくるときに、抜いた星形も一緒に焼く。
2. **C**、**D**はレシピの1/2量でつくる。
3. **A**、**B**、**C**を端から順に詰め、空いたところに**D**と星形のクッキーを
　詰める。

＊上記の分量で1缶分

お正月クッキー缶

抹茶、きな粉、和三盆、そばの実といった和の素材を詰め込みました。
お正月の集まりに家族で囲みながら、ほうじ茶と一緒に召し上がれ。

A	B	
D	A	C
B	D	B

使用する缶
cottaプレーン缶……角 96L（124×124×H52㎜）

クッキー
A 型抜きクッキー　きな粉（→p.61）……菊形16枚
B アイスボックスクッキー　そばの実（→p.56）……12枚
C スノーボール　和三盆（→p.75）……12個
D クロッカン　抹茶（→p.94）……16個

手順
1. A〜Dはレシピの1/2量でつくる。
2. A、Bを端から順に重ねて詰め、右下はBを縦に並べる。空いたところにC、Dを詰める。

＊上記の分量で1缶分

お花見クッキー缶

桜の型で抜いたピンク色のクッキーに、桜の塩漬けのクッキー。
抹茶や枝豆、ゆずなど、桜と相性のよい素材を組み合わせました。

E	
A	B
E	
C	
D	

使用する缶
cottaプレーン缶―角 106L(123×168×H52㎜)

クッキー
A ガレットブルトンヌ 抹茶(→p.79)―3枚
B 型抜きクッキー
　　ラズベリーアイシング(→p.68)―桜形6枚
C アイスボックスクッキー 桜(→p.55)―10枚
D アイスボックスクッキー 枝豆(→p.57)―11枚
E メレンゲ ゆず(→p.91)―適量

手順
1. A～Dはレシピの1/2量でつくる。型抜きクッキーをつくるときに、小さな木の葉型で3枚抜いて一緒に焼く。
2. Eは、レシピの全量でつくる。
3. D、Cの順に端から詰め、上部に**A、B**を重ねて詰め、空いたところに**E**と木の葉形クッキーを詰める。

＊上記の分量で1缶分

ハロウィンクッキー缶

主役は、かぼちゃの型抜きクッキー。ブラックココアを練り込んだ
真っ黒なクッキーを合わせて、ハロウィンらしさを演出します。

A	C
	D
B	C
	D
A	D

すき間にE

使用する缶
cottaプレーン缶―角 106L（123×168×H52㎜）

クッキー
A ガレットブルトンヌ さつまいも（→p.79）―6枚
B 型抜きクッキー メープル（→p.60）―かぼちゃ形9枚
C アイスボックスクッキー かぼちゃ（→p.55）―12枚
D アイスボックスクッキー ブラックココア（→p.50）―12枚
E メレンゲ カシス（→p.91）―適量

手順
1. A、Eはレシピの全量でつくる。
2. Bはレシピの1/2量でつくる。
3. 基本のアイスボックスクッキーの生地（→p.48）を工程4までつくって2等分にし、C、Dを1/2量ずつつくる（【追加の材料】を1/2量ずつ加える）。
4. Aを重ねて詰め、間にBを重ねて詰め、C、Dを縦に並べ、すき間にEを詰める。

＊上記の分量で1缶分

和のクッキー缶

抹茶とごまのアイスボックスクッキーをメインにして
コンパクトな缶に詰めました。年配の方へのプレゼントにも。

A	B	C・D

C・D	B	A

使用する缶
cottaプレーン缶一角 B-1（44×164×H36㎜）

クッキー
A アイスボックスクッキー　ごま（→p.52）—3枚
B アイスボックスクッキー
　　抹茶とプレーンのマーブル（→p.51）—3枚
C スノーボール　和三盆（→p.75）—6個
D メレンゲ　ゆず（→p.91）—適量

手順
1. 基本のアイスボックスクッキーの生地（→p.48）を工程**4**までつくって2等分にし、**A**、**B**を1/2量ずつつくる（【追加の材料】を1/2量ずつ加える）。
2. **C**はレシピの1/2量でつくる。
3. **D**はレシピの全量でつくる。
4. **A**、**B**を端から重ねて詰め、空いたところに**C**、**D**を詰める。

＊上記の分量で3缶分

和のクッキー缶

茶色、白、緑の、落ち着いた色合いが美しいクッキー缶。
絞り出しクッキーを縦に並べて、曲線を生かした詰め方に。

使用する缶
cottaプレーン缶—丸 17S（直径104×H37㎜）

クッキー
A 絞り出しクッキー ほうじ茶（→p.82）—バラ形10枚
B スノーボール 甘夏（→p.73）—8個
C メレンゲ 抹茶（→p.91）—適量

手順
1. A、Cはレシピの全量でつくる。
2. Bはレシピの1/2量でつくる。
3. Aを縦に並べ、空いたところにB、Cを詰める。

＊上記の分量で2缶分

イギリスクッキー缶

イギリスを代表するショートブレッドやフロランタンなど
長方形を生かして、パズルのように組んできっちりと詰めました。

使用する缶
cottaプレーン缶―角 96L（124×124×H52㎜）

クッキー
A フロランタン グラノーラ（→p.65）―8枚
B ショートブレッド プレーン（→p.76）―3本
C ショートブレッド
　　アールグレイ ラベンダーアイシング（→p.77）―3本
D アイスボックスクッキー カルダモンレモン（→p.53）―12枚

手順
1. A、Dはレシピの1/2量でつくる。
2. 基本のショートブレッドの生地（→p.76）
　を工程4までつくって2等分にし、B、Cを
　1/2量ずつつくる（Cは【追加の材料】を1/2
　量加える）。
3. Aを4枚ずつ重ねて詰め、D、B、Cの順
　に詰める。

＊上記の分量で1缶分

40

フ
ラ
ン
ス
ク
ッ
キ
ー
缶

エッフェル塔形のクッキーに、ガレットブルトンヌやラングドシャなど、フランスらしいクッキーを盛り込んだ豪華なギフトボックス。

使用する缶
cottaプレーン缶一角 106L（123×168×H52mm）

クッキー
A 型抜きクッキー シュガー（→p.61）──エッフェル塔形8枚
B 型抜きクッキー シュガー（→p.61）──菊形11枚
C 型抜きクッキー レモンアイシング（→p.67）──正方形12枚
D ガレットブルトンヌ プレーン（→p.78）──3枚
E ラングドシャ チョコプラリネサンド（→p.89）──9組
F メレンゲ ラズベリー（→p.91）──適量
G クロッカン プレーン（→p.94）──17個

手順
1. 基本の型抜きクッキーの生地（→p.58）を工程11までつくり、**A**、**B**、**C**を1/3量ずつつくる（【追加の材料】は1/2量ずつ加える）。
2. **D**、**G**はレシピの1/2量でつくる。
3. **E**、**F**はレシピの全量でつくる。
4. 右下から**E**を詰め、その上の左端に**D**を重ねて詰め、その横に**B**を縦に並べる。左上に**C**を詰め、右側に**A**を重ねて詰め、空いたところに**F**、**G**を詰める。

＊上記の分量で1缶分

41

クッキーのかんたんラッピング

ちょっとしたお礼に、余ったクッキーを差し上げたいときに、知っておくとうれしいクッキーのラッピング。シンプルな透明の袋や紙、ケースなど、身近なものを使ってできます。

OPP袋に入れる

写真上／細長くてマチのないOPP袋（40×250mm）に、型抜きクッキーや絞り出しクッキーを1列に並べて入れると、中のクッキーがよく見えるすっきりしたラッピングに。メッセージを書いたシールで留めてアクセントに。

写真下／マチのあるOPP袋（70×180×マチ50mm）には、厚みのあるガレットブルトンヌを2枚入れて。口の部分に2色のラフィアをのせて手前にくるくると巻きつけて固定し（a）、両側のラフィアをリボン結びにしてでき上がり。

a

42

紙で包む

写真上／適当な大きさに切ったワックスペーパー（ブロンズ）に、アイスボックスクッキーを縦に5枚重ねて中央にのせる。筒状になるように紙を巻き、巻き終わりをシールで留める。両端をねじってキャンディー包みに。

写真下／バーガー袋（180×180mm）の口を開き、メレンゲを適量入れる。三角形になるようにテトラ形にし（a）、閉じ目を2回ほど折りたたみ（b）、両面テープやホチキスで固定する。重なり部分の中央にシールを貼って留める。

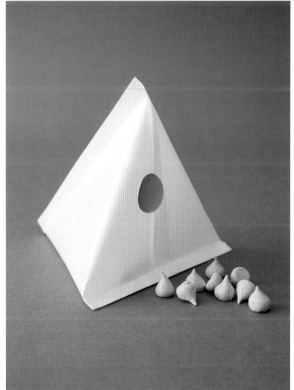

a

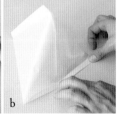

b

筒やビンに詰める

写真上／筒状のクリアケース(直径78×H100㎜)にスノーボールを詰めて蓋をする。ラフィアを十字になるように巻き、上部をリボン結びにする。ドライフラワーを飾って完成。

写真下／ジャムなどの空きビンがあれば、クッキーを詰めるだけでギフトに。大きなビン(直径85×H95㎜)にはフロランタンを縦に詰めて。小さなビン(直径72×H85㎜)には、絞り出しクッキーやクロッカン、メレンゲを詰め合わせ。蓋の部分に四角く切ったワックスペーパーをのせて、ラフィアで縛っても。

part.2

クッキーのレシピ

材料について

クッキーづくりの基本材料を紹介します。おいしくつくるためには、食材の選び方も大切。
特に、クッキーの主材料である薄力粉は、質のよいものを選ぶのがおすすめです。

薄力粉

お菓子によく使われる薄
力粉は、バイオレット、スー
パーバイオレット、エクリ
チュールなどがあり、本書で
はすべてエクリチュールを
使用。ざっくり、ほろほろした
食感になります。バイオレッ
トはアイスボックスクッキー
を焼く際に広がりやすいの
で、生地をよく冷やすこと。

バター

食塩不使用のバターを使
います。よつ葉バターは味
がよくおすすめ。アイスボッ
クスクッキーは冷蔵庫で
冷やしたバターを、型抜き
クッキーと絞り出しクッキー
は常温でやわらかくしたバ
ターを使うことで、食感の
違いを出します。つくる前に
準備しておきましょう。

砂糖

クッキー生地に入れる砂糖
は粉糖(手前)を使います。
生地とのなじみがよく溶け
やすいので使いやすく、繊
細な味わいに仕上がりま
す。グラニュー糖(奥)は、ア
イスボックスクッキーの周り
につけるときに使用。ガリッ
とした食感が欲しいので、
粒が大きめのものを。

卵

Mサイズ(=1個50g)を使い
ます。その場合、卵黄は約
20g、卵白は約30gですの
で、目安として覚えておくと
便利です。卵液を生地に
混ぜるときは、分離しやす
いので少量ずつ加え(特に
卵白は混ざりにくい)、混ざりき
るまでよく混ぜてから、次の
卵液を加えましょう。

アーモンドパウダー

皮なしの生アーモンドを粉
末状にしたもの。サクサク
とした歯ざわりがよく、口の
中でほろりと溶ける仕上が
りに。味の面では、ナッツの
香ばしさやコクが出てクッ
キーのおいしさを底上げし
ます。薄力粉と同様、ふるっ
てから使いましょう。

バニラビーンズペースト

テイラー&カレッジのバニ
ラビーンズペーストがおす
すめです。オーストラリアの
オーガニックのバニラビー
ンズを使用。粒が入ってい
て香りがよく、少量加えるだ
けで仕上がりの味を左右し
ます。なければ、バニラエッ
センス(1gあたり5滴)でも大
丈夫です。

はちみつ

アイスボックスクッキーの生
地をつなげるために使いま
す。保水性があり、少量で
生地をまとめる力があり、焼
き色がつきやすくなります。
花の種類によって香りや風
味が異なるので、お好みの
花のみつでOK。冷えると固
まりやすいので、常温で保
存を。

チョコレート

刻んで生地に混ぜ込んだ
り、湯煎で溶かしてコーティ
ングしたりと、さまざまに使
います。チョコレートをコー
ティングする際に温度調整
のいらないテンパリング不
要のチョコチップ(奥)もあり
ますが、40℃までなら、製
菓用チョコレートを湯煎で
溶かしても問題ありません。

道具について

クッキーづくり全般に必要な道具、また個別のクッキーづくりに欠かせない道具を紹介します。
必要な道具を準備してからつくりはじめましょう。

ボウル

生地を混ぜるときに必ず使います。直径23×深さ11.5cmくらいの大きめのボウルが使いやすいです。ある程度の深さと重さがあって、安定感のあるものがおすすめ。メレンゲの材料を混ぜるときは、ひと回り小さいボウルのほうが泡立てやすいです。

ゴムべら・カード

ゴムべら(左)は生地を混ぜるとき全般に使います。しなるので混ぜやすく、生地もきれいにすくい取れます。カード(右)は、アイスボックスクッキーで冷やしたバターを切るときや、生地を台に出して押し出す際に、生地をすくい取ってまとめるのにも必要です。

めん棒・ルーラー

型抜きクッキーなどで生地を伸ばすときにめん棒(左)を使います。レシピに記載された厚さどおりに伸ばすためには、ルーラー(右2つ)が便利。生地の両端に置き、その上にめん棒をのせて伸ばすと、伸ばしたい厚さで、かつ均一に伸ばすことができます。

ナイフ・定規

アイスボックスクッキーを切るときや、型抜きクッキーを正方形にカットするときなどに使います。クッキー缶のクッキーはサイズどおりにつくりたいため、定規ではかって印をつけてからカットしていきます。この作業を丁寧に行うことででき上りが美しくなります。

オーブンシート・シルパン

オーブンシート(上)はクッキーを焼くときに天板に敷くほか、生地を伸ばすときに生地を挟んでから伸ばすと、必要以上に打ち粉を使わずにすみます。シルパン(下)は、オーブンシート代わりに敷いて焼くことで、生地が広がらず、裏側も平らにサクッと焼き上がります。

クッキー型

型抜きクッキーをつくるときに使います。本書のレシピでは、直径3.5cmの丸型と菊型を主に使いますが、季節やテーマに合わせていろいろな型があると楽しく、バリエーションが広がります。型のふちに粉をつけてから抜くと、生地がくっつかずにきれいに抜けます。

絞り袋・口金

絞り出しクッキーやラングドシャ、メレンゲをつくるときに使います。絞り出しクッキーは8切の星口金、ラングドシャは直径1cmの丸口金、メレンゲは直径8mmの丸口金をそれぞれ使用。使い捨ての絞り出し袋は、先を切ってから口金をセットします。

網・パレットナイフ

焼き上がったクッキーは、パレットナイフを使って網にのせて冷まします。成形した生地を天板に移すときも、パレットナイフがあると形を崩さずに移せます。クッキーはしっかり冷めてから保存容器に移しましょう。

基本のアイスボックスクッキー（プレーン）

冷蔵庫でカチカチに冷やしたバターを使うのが特徴です。
棒状に伸ばすときに、ぴったり直径3cmにすることと
1cm幅に切ることが、均一に美しく仕上げるために大切です。

材料（焼き上がり：直径4cm×30枚分）

基本の材料

★粉糖——25g
★アーモンドパウダー——25g
★薄力粉——90g
バター（食塩不使用）——80g
塩——1g
バニラビーンズペースト——1g
はちみつ——10g
◆トッピング
　卵白——10g
　グラニュー糖——100g

下準備

・バターは1cm角に切り、冷蔵庫
　で冷やしておく。
・粉糖、アーモンドパウダー、薄力
　粉は合わせてふるう。
・オーブンは190℃に予熱する。
＊夏場はバターが溶けやすいので、粉類
　や道具も作業前に冷やしておくと生地
　がだれにくい。

1　ボウルに粉類（基本の材料の
　　　★）、バター、塩、バニラビーン
ズペーストを入れ、カードでバターの
かたまりを切るように混ぜる（フードプロ
セッサーで砕いてもよい）。

2　手のひらですり混ぜるようにし
　　　て砕いてもよい。その際、手の
温度でバターが溶けないように手早
く行う。バターが溶けると焼くときに生
地が広がるので、冷蔵庫に入れて冷
やしながら作業する。

6　生地を台に出し、手のひらの
　　　付け根で20回ほど押し出し
て、均一になめらかにする。
＊副材料はここで均一に混ざればよい。
＊生地をまとめるときはカードを使う。

7　生地を押しながら細長い形に
　　　し、打ち粉（強力粉・材料外）を
して、手のひらで転がして棒状に伸
ばす。
＊生地を押しつけることで、生地に空洞がで
きるのを防ぐ。

11　バットにグラニュー糖を入れ、
　　　 転がすようにしてグラニュー
糖をまぶす。

12　定規をあて、ナイフで1cm幅の
　　　 位置に印をつける。
＊焼くと生地が広がるので、正確にはかること。

3 | このくらいサラサラな状態になればOK。

4 | はちみつを加えてカードで混ぜる。

POINT 生地を分けて複数のクッキーをつくる場合は、ここで生地がまとまったら分けて、それぞれに副材料を練り込む。

5 | 手でつかむようにひとまとめにする。

8 | バットの底などで転がしながら、表面が均一になるように、直径3cm、長さ30cmになるまで伸ばす。
*トッピングが加わると長さが変わるので、直径3cmのほうに合わせる。その場合、でき上がりの個数が増えることもある。

9 | ラップを広げて生地をのせ、奥から手前に転がして包む。冷蔵庫で5時間以上、固まるまで冷やす。
*一晩寝かせると生地がまとまり、よりおいしい。
*冷凍で2週間、冷蔵で3日間保存も可。

10 | 生地を再度、円柱になるように転がしてととのえ、半分の長さに切る。溶いた卵白を刷毛で薄く塗る。

13 | ナイフの刃先をまな板につけ、そのまま下に押して切る。生地がかたすぎると断面がきれいに切れないので注意。

14 | シルパン（またはオーブンシート）を敷いた天板にのせ、10分ほど冷蔵庫で生地を冷やす。焼くと多少広がるので、スペースを空ける。
*いちごジャムや桜のトッピングはここで行う。

15 | 170℃のオーブンで15分、裏面にも焼き色がつくまで焼く。網にのせて冷ます。
*焼き時間の半分が経過したら、天板を反転させてむらなく焼く。
*外側のクッキーが焼けたら、先に取り出す。
*冷めたら乾燥剤を入れた容器で保存。

アイスボックスクッキー の アレンジ

ココア

材料（焼き上がり：直径4cm×30枚分）

p.48の《基本の材料》と同じ。

【追加の材料】
ココアパウダー──8g

つくり方

p.48〜49の工程4で生地が
まとまってきたら、ココアパウ
ダーを加えてカードで切るよう
に混ぜる。工程5に進み、基
本と同様につくる。

ブラックココア

材料（焼き上がり：直径4cm×30枚分）

p.48の《基本の材料》と同じ。

【追加の材料】
ブラックココアパウダー──8g

つくり方

p.48〜49の工程4で生地が
まとまってきたら、ブラックココ
アパウダーを加えてカードで
切るように混ぜる。工程5に進
み、基本と同様につくる。

ブラックココア
濃い黒色と苦みが特徴のココアパウ
ダー。ココアの香りはほとんどないが、黒
い色をつけたいときに用いる。通常のコ
コアパウダーと併用してもよい。

アーモンドココア

材料（焼き上がり：直径4cm×30枚分）

p.48の《基本の材料》と同じ。

【追加の材料】
ココアパウダー──8g
アーモンドスライス（細かく刻む）──30g
＊副材料は細かく刻むと、生地をカットする
際に形が崩れにくい。

つくり方

p.48〜49の工程4で生地が
まとまってきたら、ココアパウ
ダーとアーモンドスライスを加
えてカードで切るように混ぜ
る。工程5に進み、基本と同様
につくる。

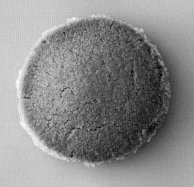

抹茶

材料（焼き上がり：直径4cm×30枚分）

p.48の《基本の材料》と同じ。

【追加の材料】
抹茶──4g

つくり方

p.48〜49の工程**4**で生地が
まとまってきたら、抹茶を加えて
カードで切るように混ぜる。工程
5に進み、基本と同様につくる。

抹茶ホワイトチョコ

材料（焼き上がり：直径4cm×30枚分）

p.48の《基本の材料》と同じ。

【追加の材料】
抹茶──4g
製菓用ホワイトチョコレート（細かく刻む）──30g

つくり方

p.48〜49の工程**4**で生地がまとまってきたら、抹
茶とホワイトチョコレートを加えてカードで切るよ
うに混ぜる。工程**5**に進み、基本と同様につくる。

抹茶とプレーンのマーブル

材料（焼き上がり：直径4cm×30枚分）

p.48の《基本の材料》と同じ。

【追加の材料】
抹茶──2g

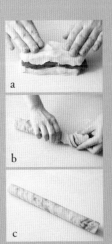

a

b

c

つくり方

1 p.48〜49の工程**4**で生地がまとまってきた
　ら、1/3量と2/3量に分け、1/3量のほうに抹
　茶を加えて混ぜる。
2 2/3量のプレーン生地を2等分にし、それぞ
　れ平らに伸ばし、プレーン生地で抹茶生地
　を挟む（a）。細長くまとめてよくねじり（b）、直
　径3cmの棒状にする（c）。工程**9**に進み、基
　本と同様につくる。

クランベリーピスタチオ

材料（焼き上がり：直径4cm×30枚分）

p.48の《基本の材料》と同じ。

【追加の材料】
グリーンピスタチオ（細かく刻む）──15g
ドライクランベリー（細かく刻む）──15g

つくり方

p.48〜49の工程4で生地がまとまってきたら、ピスタチオとクランベリーを加えてカードで切るように混ぜる。工程5に進み、基本と同様につくる。

ごま

材料（焼き上がり：直径4cm×30枚分）

p.48の《基本の材料》と同じ。

【追加の材料】
白いりごま──10g
黒いりごま──20g

つくり方

p.48〜49の工程4で生地がまとまってきたら、白ごまと黒ごまを加えてカードで切るように混ぜる。工程5に進み、基本と同様につくる。

アプリコット

材料（焼き上がり：直径4cm×30枚分）

p.48の《基本の材料》と同じ。

【追加の材料】
ドライアプリコット（細かく刻む）──20g

つくり方

p.48〜49の工程4で生地がまとまってきたら、アプリコットを加えてカードで切るように混ぜる。工程5に進み、基本と同様につくる。

クランベリーチョコ

材料（焼き上がり：直径4cm×30枚分）

p.48の《基本の材料》と同じ。

【追加の材料】
ドライクランベリー（細かく刻む）――15g
製菓用スイートチョコレート
　（細かく刻む）――15g

つくり方

p.48〜49の工程4で生地がまとまってきたら、クランベリーとチョコレートを加えてカードで切るように混ぜる。工程5に進み、基本と同様につくる。

ローズマリー

材料（焼き上がり：直径4cm×30枚分）

p.48の《基本の材料》と同じ。

【追加の材料】
乾燥ローズマリー（細かく刻む）――4g

つくり方

p.48〜49の工程4で生地がまとまってきたら、ローズマリーを加えてカードで切るように混ぜる。工程5に進み、基本と同様につくる。

カルダモンレモン

材料（焼き上がり：直径4cm×30枚分）

p.48の《基本の材料》と同じ。

【追加の材料】
レモンの皮――1個分
カルダモンパウダー――2g

つくり方

1　レモンの皮はゼスターですりおろす。白い部分が入らないように表面のみを削る（a）。
2　p.48〜49の工程4で生地がまとまってきたら、1とカルダモンを加えてカードで切るように混ぜる。工程5に進み、基本と同様につくる。

ゼスターとは、レモンなどの柑橘類の皮をすりおろす器具のこと。軽く動かすだけで、目詰まりせずに果皮をふんわりとすりおろせる。

ココナッツライム

材料（焼き上がり：直径4cm×30枚分）

p.48の《基本の材料》と同じ。

【追加の材料】
ライムの皮——1個分
ココナッツファイン——20g

つくり方

1 ライムの皮はゼスターですりおろす。
2 p.48〜49の工程4で生地がまとまってきたら、1とココナッツを加えてカードで切るように混ぜる。工程5に進み、基本と同様につくる。

オレンジアールグレイ

材料（焼き上がり：直径4cm×30枚分）

p.48の《基本の材料》と同じ。

【追加の材料】
オレンジの皮——1個分
アールグレイの茶葉——4g

つくり方

1 オレンジの皮はゼスターですりおろし、アールグレイの茶葉はコーヒーミルまたは包丁で細かく刻む。
2 p.48〜49の工程4で生地がまとまってきたら、1を加えてカードで切るように混ぜる。工程5に進み、基本と同様につくる。

レモンポピーシード

材料（焼き上がり：直径4cm×30枚分）

p.48の《基本の材料》と同じ。

【追加の材料】
レモンの皮——1個分
ポピーシード——10g

つくり方

1 レモンの皮はゼスターですりおろす。
2 p.48〜49の工程4で生地がまとまってきたら、1とポピーシードを加えてカードで切るように混ぜる。工程5に進み、基本と同様につくる。

ポピーシード
ポピーシードとは、けしの実のこと。ごまよりも小さな粒で、プチプチとした食感とナッツのような香ばしさがある。レモンとは相性のよい組み合わせ。

かぼちゃ

材料（焼き上がり：直径4cm×30枚分）

p.48の《基本の材料》と同じ。

【追加の材料】
かぼちゃ──1/4個

つくり方

1 かぼちゃはラップをし、600Wの電子レンジで約5分、竹串がすっと通るまで加熱する。熱いうちに皮と種を取り除き、ざるでこしてペースト状にして冷ます。
2 p.48〜49の工程4で生地がまとまってきたら、1を30g加えてカードで切るように混ぜる。工程5に進み、基本と同様につくる。

さつまいも

材料（焼き上がり：直径4cm×30枚分）

p.48の《基本の材料》と同じ。

【追加の材料】
さつまいも──1/4本
ココアパウダー──10g

つくり方

1 さつまいもはラップをし、600Wの電子レンジで約5分、竹串がすっと通るまで加熱する。熱いうちに皮をむき、ざるでこしてペースト状にして冷ます。
2 p.48〜49の工程4で生地がまとまってきたら、1を30g加えてカードで切るように混ぜる。
3 工程5に進み、工程11でグラニュー糖にココアパウダーを混ぜる。工程12に進み、基本と同様につくる。

桜

材料（焼き上がり：直径4cm×30枚分）

p.48の《基本の材料》と同じ。

【追加の材料】
桜の塩漬け──30枚

つくり方

1 桜の塩漬けは水に20分つけて塩けを抜き、ペーパータオルで水けを拭く。
2 p.48〜49の工程14までつくり、カットした生地に1をトッピングして焼く。
＊生地の形が変わらない程度に軽く押しつける。

桜の塩漬け
ほんのりとした桜の香りが広がり、クッキーにトッピングすると、見た目にも春らしく、お花見クッキーにはぴったり。水につけておくだけと扱いやすい。

いちごジャム

材料（焼き上がり：直径4cm×30枚分）

p.48の《基本の材料》と同じ。

【追加の材料】
いちごジャム—60g

つくり方

p.48〜49の工程14までつくり、カットした生地の中央に竹串の背の部分で丸く穴を開け（a）、スプーンでジャムを入れて（b）焼く。

そばの実

材料（焼き上がり：直径4cm×30枚分）

★粉糖—25g
★薄力粉—130g
バター（食塩不使用）—80g
塩—3g
全卵—25g
そばの実—40g

下準備

・バターは1cm角に切り、冷蔵庫で冷やしておく。
・粉糖、薄力粉は合わせてふるう。
・オーブンは190℃に予熱する。

つくり方

1 そばの実は、中火にかけたフライパンでパチパチと音がなるまでからいりし、冷ましておく。
2 ボウルに粉類（材料の★）、バター、塩を入れ、カードでバターのかたまりを切るように混ぜる（フードプロセッサーで砕いてもよい）。
3 全卵を加えてカードで切るように混ぜ、1を加えて同様に混ぜる。p.48〜49の工程5に進み、基本と同様につくる（卵白とグラニュー糖はつけない）。

そばの実
ザクザクとした独特の食感で、素朴な味わいに仕上がる。からいりすることで、そばの香りが立ち、塩味のクッキーのいいアクセントに。

枝豆

材料（焼き上がり：直径4cm×30枚分）

下記の《チーズクッキーの材料》と同じ。

【追加の材料】
枝豆（塩ゆでして細かく刻む）──30g

つくり方

下記のチーズクッキーと同様につくり、工程2で生地がまとまってきたら、枝豆を加えてカードで切るように混ぜる。p.48〜49の工程5に進み、基本と同様につくる。

チーズ

材料（焼き上がり：直径1.5cm×80枚分）

グラニュー糖──25g
塩──1g
薄力粉──130g
パルメザンチーズ──35g
粗びき黒こしょう──1g
バター（食塩不使用）── 80g
全卵──25g

下準備

・バターは1cm角に切り、冷蔵庫で冷やしておく。
・薄力粉はふるう。
・オーブンは190℃に予熱する。

つくり方

1 ボウルに全卵以外の材料を入れ、カードでバターのかたまりを切るように混ぜる（フードプロセッサーで砕いてもよい）。

2 全卵を加えてカードで切るように混ぜ、ひとまとめにしたら台に出す。

3 生地を手のひらの付け根で20回ほど押し出して、均一になめらかにする。

4 細長い形にし、打ち粉（強力粉・材料外）をして、手のひらで棒状に伸ばす。バットの底などで転がしながら、直径1.5cm、長さ20cmの棒状を4本つくり、ラップで包んで冷蔵庫で5時間以上冷やす。

5 生地を再度、円柱になるように整え、1cm幅に切る。シルパン（またはオーブンシート）を敷いた天板に並べ、10分ほど冷蔵庫で生地を冷やす。

6 170℃で12分、裏面にも焼き色がつくまで焼く。網にのせて冷ます。

基本の型抜きクッキー（プレーン）

なめらかになるまで室温においたバターを使うのが特徴です。
型抜きクッキーは、型のサイズどおりに焼き上がりますが、
生地を3mmに薄く均等に伸ばすのが、美しく焼き上げるポイントです。

材料（焼き上がり：直径3.5cmの丸形×70枚分）

基本の材料

バター（食塩不使用）──100g
塩──1g
バニラビーンズペースト──1g
粉糖──70g
全卵──30g
アーモンドパウダー──30g
薄力粉──170g
◆ ツヤ出し用
（プレーン、メープルのみ）
全卵──20g
＊M玉50gのうち、30gは生地に
使い、残りをツヤ出し用に使う。

下準備

・バター、卵は室温にもどしておく。
・粉糖、アーモンドパウダー、薄力
　粉はそれぞれふるう。
・オーブンは190℃に予熱する。

1 ボウルにバター、塩、バニラビーンズペーストを入れ、ゴムべらでツヤが出るまでなめらかにする。

2 粉糖は2回に分けて加え、ゴムべらで押さえるように混ぜる。

6 薄力粉は5回に分けて加え、ゴムべらで2、3回切ってはすくうように混ぜる。

7 粉けがなくなるまでしっかり混ぜたらひとまとめにする。
POINT 生地を分けて複数のクッキーをつくる場合は、ここで生地がまとまったら分けて、それぞれに副材料を練り込む。

11 指の跡がつくくらいやわらかくなったら、上にもオーブンシートをのせ、めん棒で3mm厚さに伸ばし、30×30cmの正方形に整える。
＊生地がオーブンシートに張りついたら、少量の打ち粉（強力粉）をそのつど広げる。
＊生地がやわらかいと型で抜きにくいので、冷蔵庫で冷やしてから工程12に進むとよい。

12 直径3.5cmの丸型で抜き、シルパン（またはオーブンシート）を敷いた天板にのせる。残った生地はまとめて、再度伸ばして同様に抜く。
＊型に打ち粉をつけると抜きやすくなる。
＊再度まとめる際に生地を練りすぎて、手の温かさでやわらかくなると、だれて生地がかたくなるので注意。

3 このように、なめらかになれば
OK。

4 卵は5回に分けて加え、円を
描くようにすり混ぜる。よく混
ざってツヤが出たら、次の卵を入れ、
同様に混ぜる。

5 アーモンドパウダーを加え、2
と同様に混ぜる。

8 生地を台に取り出し、手のひら
の付け根で20回ほど押し出し
て、均一になめらかにする。
＊副材料はここで均一に混ざればよい。
＊生地をまとめるときはカードを使う。

9 ラップに包み、冷蔵庫で2時間
以上寝かせる。
＊一晩寝かせると生地がまとまり、よりおいしい。
＊この状態で3日間冷蔵保存も可。

10 オーブンシートを広げて生地
をのせ、めん棒で叩いて平た
くする。
＊生地が冷たいままめん棒で伸ばすと割れや
すいので、叩いてやわらかくする。

13 プレーンクッキーは刷毛で卵
液を塗る。

14 さらに、フォークで2本ずつ線
を引いて模様をつける。
＊焼く前に10分ほど冷蔵庫に入れておくとだ
れにくい。

15 170℃のオーブンで12分、裏
面にも焼き色がつくまで焼く。
網にのせて冷ます。
＊焼き時間の半分が経過したら、天板を反
転させてむらなく焼く。
＊外側のクッキーが焼けたら、先に取り出す。
＊冷めたら乾燥剤を入れた容器で保存。

型抜きクッキー の アレンジ

メープル

材料（3.5cm四方の正方形×60枚分）

p.58の《基本の材料》の粉糖70g
を、メープルシュガー70gに変更。

【ツヤ出し用】
全卵―20g

つくり方

1　粉糖の代わりにメープルシュ
　ガーを入れて、p.58〜59の工
　程11までつくる。
2　定規で3.5cm四方になるように
　印をつけてから包丁で切り、工
　程15と同様に焼く。
　　＊p.37のかぼちゃ型のサイズは縦5.5
　　　×横6cm。

メープルシュガー
メープルシロップから水分を抜いた
もので、サトウカエデの樹液からつく
られた砂糖。メープルの香りとコク
が加わり、リッチな味に。

キャラメル

材料（直径3.5cmの菊形×70枚分）

p.58の《基本の材料》の粉糖70g
を、粉糖40g＋キャラメルソース30g
に変更。

つくり方

1　粉糖を入れるときにキャラメ
　ルソースも加えて、p.58〜59
　の工程11までつくる。
2　直径3.5cmの菊型で抜いて、
　工程15と同様に焼く。

キャラメルソースの材料とつくり方

生クリーム（乳脂肪分36％）―50g
グラニュー糖―50g
水―10g
塩―ひとつまみ
バター（食塩不使用）― 5g

1. 耐熱性のボウルに生クリームを入れ、電子レン
ジで30秒ほど加熱する。
2. 鍋にグラニュー糖と水、塩を入れて中火で熱
し、鍋を揺すってまんべんなくグラニュー糖を
溶かし（a）、茶色に色づいたら火を止める。

3.1の生クリームを3回に分けて加え（b）、その
つどゴムべらで混ぜる。
4. バターを加えて混ぜ（c）、完全に溶けたら耐
熱容器に移して冷ます。

ジンジャー

材料（直径3.5cmの菊形×70枚分）

p.58の《基本の材料》と同じ。

【追加の材料】
シナモンパウダー――8g
しょうがのすりおろし――8g

つくり方

p.58〜59の工程**7**で生地がまとまってきたら、シナモンパウダーとしょうがのすりおろしを加えて切るように混ぜる。工程**8**に進み、基本と同様につくり、直径3.5cmの菊型で抜いて焼く。

＊p.33のツリー型のサイズは4×4cm。

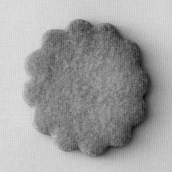

きな粉

材料（直径3.5cmの菊形×70枚分）

p.58の《基本の材料》と同じ。

【追加の材料】
きな粉――16g
黒いりごま――6g

つくり方

p.58〜59の工程**7**で生地がまとまってきたら、きな粉と黒ごまを加えて切るように混ぜる。工程**8**に進み、基本と同様につくり、直径3.5cmの菊型で抜いて焼く。

シュガー

材料（直径3.5cmの菊形×70枚分）

p.58の《基本の材料》と同じ。

【追加の材料】
グラニュー糖――50g

つくり方

p.58〜59の工程**11**までつくり、直径3.5cmの菊型で抜き、工程**13**でグラニュー糖をふりかけて焼く。

＊p.41のエッフェル塔型のサイズは縦8.5×横6.5cm。

ココア

材料（直径3.5cmの菊形×70枚分）

p.58の《基本の材料》と同じ。

【追加の材料】
ココアパウダー──16g

つくり方

p.58～59の工程**7**で生地がまとまってきたら、ココアパウダーを加えて切るように混ぜる。工程**8**に進み、基本と同様につくり、直径3.5cmの菊型で抜いて焼く。

抹茶

材料（直径3.5cmの菊形×70枚分）

p.58の《基本の材料》と同じ。

【追加の材料】
抹茶──8g

つくり方

p.58～59の工程**7**で生地がまとまってきたら、抹茶を加えて切るように混ぜる。工程**8**に進み、基本と同様につくり、直径3.5cmの菊型で抜いて焼く。

ココアとプレーンのマーブル

材料（直径3.5cmの丸形×70枚分）

p.58の《基本の材料》と同じ。

【追加の材料】
ココアパウダー──8g

a

b

つくり方

1 p.58～59の工程**7**で生地がまとまってきたら、生地を2等分にする。片方にはココアパウダーを加えて切るように混ぜる。工程**8**に進み、プレーンとココアの2つの生地をつくって冷蔵庫で冷やす。
2 2つの生地をオーブンシートにランダムにちぎって並べ（a）、3mm厚さに伸ばす（b）。直径3.5cmの丸型で抜いて焼く。
＊残った生地は練ってまとめず、重ねて伸ばすとマーブル柄を保って再度生地を抜くことができる。

抹茶とプレーンのマーブル

材料（直径3.5cmの丸形×70枚分）

p.58の《基本の材料》と同じ。

【追加の材料】
抹茶──4g

つくり方

上記のココアとプレーンのマーブルと同様に、材料のココアを抹茶に替えてつくる。

チーズ（プレーン、カレー、バジル、ポピーシード）

材料（底辺8×高さ4cmの三角形×32枚分）

バター（食塩不使用）―100g
塩―1g
粗びき黒こしょう― 0.5g
粉糖―40g
卵白―15g
パルメザンチーズ―15g
薄力粉―110g

◆トッピング
　パルメザンチーズ、カレー粉、
　乾燥バジル、ポピーシード―各適量

下準備

・バター、卵白は室温にもどしておく。
・粉糖、薄力粉はそれぞれふるう。
・オーブンは190℃に予熱する。

つくり方

1　ボウルにバター、塩、黒こしょうを入れ、
　ゴムべらでツヤが出るまでなめらかにす
　る。粉糖を2回に分けて加え、ゴムべら
　で押さえるように混ぜてなめらかにする。

2　卵白は3回に分けて加え、円を描くよう
　にすり混ぜる。よく混ざってツヤが出た
　ら、次の卵白を加えて混ぜる。

3　チーズを加えて1と同様に混ぜ、薄力粉
　を5回に分けて加え、ゴムべらで切るよ
　うに混ぜる。粉けがなくなるまでしっかり
　混ぜたらひとまとめにし、台に取り出す。

4　生地を手のひらの付け根で20回ほど押
　し出して均一になめらかにし、ラップに
　包んで冷蔵庫で2時間以上寝かせる
　（一晩寝かせると生地がまとまり、よりおいしい）。

5　オーブンシートを広げて生地をのせ、
　めん棒で叩いて平たくする。指の跡が
　つくくらいやわらかくなったら、上にも
　オーブンシートをのせ、めん棒で3mm厚
　さ、30×30cmの正方形に伸ばす。

6　5.5cm四方の正方形に切った後、さら
　に半分に切って三角形にする。シルパ
　ン（またはオーブンシート）を敷いた天板に
　のせ、直径1cmの丸口金でランダムに
　生地に穴を開け、好みのトッピングをふ
　りかける。
　＊焼く前に10分ほど冷蔵庫に入れておくとだれ
　にくい。

7　170℃のオーブンで15分、裏面にも焼
　き色がつくまで焼く。

フロランタン　アーモンド

材料(2×7cm×33枚分)

p.58の《基本の材料》と同じ。

【追加の材料】
グラニュー糖——120g
はちみつ——60g
バター(食塩不使用)——30g
生クリーム(乳脂肪分36%)——30g
アーモンドスライス——150g

つくり方

1 p.58〜59と同様に生地をつく
り、工程11で生地を4mm厚さに
伸ばす(32×22cmになるように
する)。半量または2種類つくる
場合は16×22cm)。生地が膨ら
みすぎないようフォークで穴を
開け(a)、170℃のオーブン(予
熱は190℃)で10分、うっすら焼
き色がつくまで焼く。

2 鍋にグラニュー糖、はちみつ、バ
ター、生クリームを入れて中火
にかけ、ふつふつと煮立ってき
たら(b)、アーモンドを加えて絡
める(c)。さらに3分ほど、キャラ
メルの色はつかず水分が軽くと
んでとろっとするまで火にかけ、
1のクッキー生地の上にのせる
(d)。焼くと広がるので、生地よ
り2cmほど内側まで広げる。

3 190℃のオーブン(予熱は210℃)
で20分、アーモンドがキャラメ
ル色になるまで焼き(e)、網に
のせる。

4 生地が熱いうちに、オーブン
シートを広げた台に、クッキー
の面が上になるように裏返して
移し、2×7cmになるよう、パン切
りナイフでカットする(f・g)。

フロランタン　ごま

材料（2×7㎝×33枚分）

p.58の《**基本の材料**》と同じ。

【追加の材料】
グラニュー糖—120g
はちみつ—60g
バター（食塩不使用）—30g
生クリーム（乳脂肪分36%）—30g
黒いりごま—60g
白いりごま—90g

つくり方

p.64のフロランタン　アーモンドと
同様につくり、工程**2**でアーモン
ドの代わりにごまを入れる。

フロランタン　グラノーラ

材料（3.5×7㎝×25枚分）

p.58の《**基本の材料**》と同じ。

【追加の材料】
グラニュー糖—120g
はちみつ—60g
バター（食塩不使用）—30g
生クリーム（乳脂肪分36%）—30g
アーモンドスライス—75g
グラノーラ—75g

つくり方

p.64のアーモンドフロランタンと
同様につくり、工程**2**でアーモン
ドと一緒にグラノーラも入れる。
焼き上がったら、3.5×7㎝になる
ようにカットする。

いちごジャムサンド

材料（直径3.5cmの菊形×35組分）

p.58の《基本の材料》と同じ。

【追加の材料】
いちごジャム―50g
溶けない粉糖―適量

つくり方

1 p.58～59の工程11までつくり、直径3.5cmの菊型で生地を抜く。抜いた生地の半分は直径1.5cmの丸口金で中央に穴を開ける。

2 170℃のオーブンで、穴を開けた生地は10分、土台の生地は12分焼き、網にのせて冷ます。

3 穴を開けた生地に、溶けない粉糖を茶こしで薄くふる（a）。

4 いちごジャムは一度鍋で温め、熱いうちに土台にジャムを広げ（b）、粉糖をふった生地を重ねる。
＊ジャムを温めると乾きやすくなる。

a

b

アプリコットジャムサンド

材料（直径3.5cmの菊形×35組分）

p.58の《基本の材料》と同じ。

【追加の材料】
アプリコットジャム―50g
溶けない粉糖―適量

つくり方

上記のいちごジャムサンドと同様につくり、生地の半分は1.5×1.5cmの星型で抜く。いちごジャムの代わりに、アプリコットジャムをのせる。

レモンアイシング

材料（直径3.5cmの丸形×70枚分）

p.58の《基本の材料》と同じ。

【追加の材料】
粉糖—80g
レモン汁—15g
グリーンピスタチオ（細かく刻む）
　—5g
＊アイシングは量が少なすぎるとつくりにくいので、1/2量より減らさないこと。

つくり方

1　p.58〜59の工程11までつくり、直径3.5cmの丸型で抜いて、工程15と同様に焼く。
2　アイシングをつくる。ボウルにふるった粉糖とレモン汁を入れ、ツヤが出るまでゴムべらで練り混ぜる。
3　クッキーの中央から外側に向かって、刷毛で表面に薄くアイシングを塗り広げ（a・b）、ピスタチオをのせ、アイシングを乾燥させる。

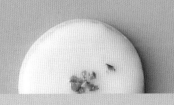

ラベンダーアイシング

材料（3.5cm四方の正方形×60枚分）

p.58の《基本の材料》と同じ。

【追加の材料】
粉糖—80g
水—15g
食用ラベンダー—5g
＊アイシングは量が少なすぎるとつくりにくいので、1/2量より減らさないこと。

つくり方

p.58〜59の工程11までつくり、3.5cm四方の正方形にカットして、工程15と同様に焼く。上記のレモンアイシングと同様に、粉糖と水を混ぜたものを刷毛で塗り、ラベンダーをのせ、アイシングを乾燥させる。

食用ドライフラワー
トッピングのアクセントになるドライフラワーは、ラベンダーやバラ（ローズ）などがあり、アイシングの上にのせるだけで、エレガントな雰囲気に仕上がります。

ラズベリーアイシング

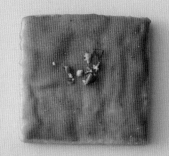

材料（3.5㎝四方の正方形×60枚分）

p.58の《基本の材料》と同じ。

【追加の材料】
粉糖─80g
ラズベリーピューレ─15g
グリーンピスタチオ（細かく刻む）
　　─5g
＊アイシングは量が少なすぎるとつくりにくいので、1/2量より減らさないこと。

つくり方

p.58〜59の工程11までつくり、3.5㎝四方の正方形にカットして、工程15と同様に焼く。p.67のレモンアイシングと同様に、粉糖とラズベリーピューレを混ぜたものを刷毛で塗り、ピスタチオをのせ、アイシングを乾燥させる。
＊p.36の桜型のサイズは5.5×5.5㎝。

マンディアン（スイート、ホワイト）

材料（直径3.5㎝の丸形×70枚分）

p.58の《基本の材料》と同じ。

【追加の材料】
製菓用チョコレート
　　（スイート、ホワイトのいずれか）─各100g
オレンジピール（5㎜角に切る）─20g
グリーンピスタチオ（縦半分に切る）─20g
ドライクランベリー（5㎜角に切る）─20g
ドライアプリコット（5㎜角に切る）─20g
＊チョコレートは量が少なすぎるとつくりにくいので、1/2量より減らさないこと。

つくり方

1 p.58〜59の工程11までつくり、直径3.5㎝の丸型で抜いて、工程15と同様に焼く。
2 チョコレートは湯煎で40℃になるまで溶かし、クッキーの半分にディップする（a）。
3 乾く前にオレンジピール、ピスタチオ、クランベリー（スイート）、アプリコット（ホワイト）をトッピングして（b）乾かす。

チョコレートがけ（スイート、ホワイト、ストロベリー）

材料（直径3.5cmの菊形×70枚、または3.5cm四方の正方形×60枚分。
チョコレートサンドは3.5cmの菊形×35組分）

p.58の《基本の材料》と同じ。

【追加の材料】
製菓用チョコレート
　（スイート、ストロベリー、ホワイトのいずれか）—各100g
食用ラベンダー、食用ローズ、グリーンピスタチオ—各5g
＊チョコレートは量が少なすぎるとつくりにくいので、1/2量より減らさないこと。

つくり方

1　p.58〜59の工程11までつくり、
　直径3.5cmの菊型で抜くか、3.5
　cm四方の正方形にカットして、
　工程15と同様に焼く。
2　チョコレートは湯煎で40℃に
　なるまで溶かし、クッキーの半
　分にディップし、トッピングをの
　せる。または、線を描くようにス
　プーンで垂らし（a）、乾かす。
　または、p.66のいちごジャムサン
　ドのようにチョコレートを挟む
　（b）。

a

b

スノーボール（プレーン）

型抜きクッキーの生地と同じようにつくり、丸めて焼いた後、

粉糖をまぶすので、スノーボールと呼ばれます。

白い粉をまとった姿は、茶色いクッキーの中でひときわ映えます。

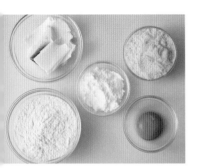

材料（40個分）

基本の材料

バター（食塩不使用）──100g
バニラビーンズペースト──1g
粉糖──35g
卵黄──20g（1個分）
アーモンドパウダー──60g
薄力粉──110g
◆コーティング用
　粉糖──100g

下準備

・バター、卵黄は室温にもどしておく。
・粉糖、アーモンドパウダー、薄力粉はそれぞれふるう。
・オーブンは190℃に予熱する。

1 ボウルにバター、バニラビーンズペーストを入れ、ゴムべらでなめらかになるまで混ぜる。

2 粉糖は2回に分けて加え、ゴムべらで押さえるように混ぜて、なめらかにする。

6 薄力粉は3回に分けて加え、ゴムべらで2、3回切ってはすくうように混ぜる。

POINT 生地を分けて複数のクッキーをつくる場合は、ここで生地がまとまったら分けて、それぞれに副材料を練り込む。

7 粉っぽさがなくなったら台に出す。生地を手のひらの付け根で20回ほど押し出して、均一になめらかにする。

＊副材料はここで均一に混ぜればよい。
＊生地をまとめるときはカードを使う。

11 2.2cm四方にカットする（1個＝6g）。

＊正方形のスノーボールをつくるときはこのまま焼く。

12 手のひらで丸める。

3 卵黄は3回に分けて加え、円を描くようにすり混ぜる。

4 よく混ざってツヤが出たら、次の卵を入れ、同様に混ぜる。

5 アーモンドパウダーを加え、**2**と同様に混ぜる。

8 オーブンシートで挟み、めん棒で1cm厚さに伸ばす。

9 カットしやすいように、16×16cmの正方形に整え、ラップで包み、冷蔵庫で2時間以上寝かせる。

＊一晩寝かせると生地がまとまり、よりおいしい。

＊この状態で3日間冷蔵保存も可。

10 2.2cm幅の位置に定規で印をつけ、包丁で筋をつける。

13 シルパン（またはオーブンシート）を敷いた天板にのせる。

＊焼く前に10分ほど冷蔵庫に入れておくとだれにくい。

14 170℃のオーブンで15分、裏面にも焼き色がつくまで焼く。網にのせて冷ます。

＊焼き時間の半分が経過したら、天板を反転させてむらなく焼く。

＊外側のクッキーが焼けたら、先に取り出す。

15 生地が冷めきっていない状態で粉糖をまぶす。しっかり冷めたらもう一度、粉糖をまぶす。

＊冷めたら乾燥剤を入れた容器で保存。

スノーボール の アレンジ

いちご

材料（40個分）

p.70の《基本の材料》と同じ。

【追加の材料】
いちごパウダー——8g
◆コーティング用
　いちごパウダー——5g

つくり方

1　p.70〜71の工程6で生地がまと
　まってきたら、いちごパウダーを
　加えて切るように混ぜる。工程7
　に進み、基本と同様に焼く。
2　工程15で、粉糖の5%のいちご
　パウダーを加えてまぶす。

抹茶

材料（40個分）

p.70の《基本の材料》と同じ。

【追加の材料】
抹茶——6g

つくり方

1　p.70〜71の工程6で生
　地がまとまってきたら、抹
　茶を加えて切るように混
　ぜる。
2　工程7に進み、工程11
　で2.2cm四方にカットし
　たら、丸めずに焼いて
　粉糖をまぶす。

紫いも

材料（40個分）

p.70の《基本の材料》と同じ。

【追加の材料】
紫いもパウダー——8g

つくり方

p.70〜71の工程6で生地
がまとまってきたら、紫いも
パウダーを加えて切るよう
に混ぜる。工程7に進み、
基本と同様につくる。

レモン

材料（40個分）

p.70の《基本の材料》と同じ。

【追加の材料】
レモンの皮—1個分

つくり方

1　レモンの皮はゼスターですりおろす。白い部分が入らないように表面のみを削る。
2　p.70～71の工程6で生地がまとまってきたら、1を加えて切るように混ぜる。工程7に進み、基本と同様につくる。

ゆず

材料（40個分）

p.70の《基本の材料》と同じ。

【追加の材料】
ゆずの皮—1個分

つくり方

1　ゆずの皮はゼスターですりおろす。
2　p.70～71の工程6で生地がまとまってきたら、1を加えて切るように混ぜる。
3　工程7に進み、工程11で2.2cm四方にカットしたら、丸めずに焼いて粉糖をまぶす。

オレンジ

材料（40個分）

p.70の《基本の材料》と同じ。

【追加の材料】
オレンジの皮—1個分

つくり方

1　オレンジの皮はゼスターですりおろす。
2　p.70～71の工程6で生地がまとまってきたら、1を加えて切るように混ぜる。工程7に進み、基本と同様につくる。

甘夏

材料（40個分）

p.70の《基本の材料》と同じ。

【追加の材料】
甘夏の皮—1個分

つくり方

1　甘夏の皮はゼスターですりおろす。
2　p.70～71の工程6で生地がまとまってきたら、1を加えて切るように混ぜる。工程7に進み、基本と同様につくる。

チョコレート

（スイート、ホワイト、ストロベリー）

材料（40個分）

p.70の《基本の材料》と同じ。

【追加の材料】

製菓用チョコレート（スイート、ホワイト、
ストロベリーのいずれか・細かく刻む）
　　―各20g

つくり方

p.70〜71の工程6で生地がまと
まってきたら、チョコレートを加えて
切るように混ぜる。工程7に進み、
基本と同様につくる。

くるみ

材料（40個分）

p.70の《基本の材料》と同じ。

【追加の材料】

くるみ（ローストしたもの・細かく刻む）
　　―40g

つくり方

p.70〜71の工程6で生地がま
とまってきたら、くるみを加えて
切るように混ぜる。工程7に進
み、基本と同様につくる。

和三盆

材料（40個分）

p.70の《基本の材料》の粉糖を、
同量の和三盆に変更。

つくり方

p.70〜71の工程**2**で粉糖
の代わりに和三盆を加え、
工程**15**でも粉糖の代わりに
和三盆をまぶす。

和三盆
主に香川県や徳島県において伝統製法でつくら
れている上質な砂糖。淡い黄色で細かな粒子と
口溶けのよさ、まろやかな味が特徴。和菓子によく
使われる。

キプフェル

材料（40個分）

p.70の《基本の材料》と同じ。

つくり方

p.70〜71の工程**12**で、生地の両端
が細くなるように伸ばし（a）、三日月
形をつくる（b）。工程**13**に進み、基本
と同様につくる。

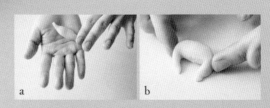

a　　　　　　b

ショートブレッド（プレーン）

型抜きクッキーのつくり方をベースに、棒状に成形して焼き上げました。
材料が少なく、型いらずでつくりやすいのも魅力です。

材料（7.5×1.5×高さ1cm×20本分）

基本の材料

バター（食塩不使用）──100g
塩──1g
粉糖──40g
アーモンドパウダー──55g
薄力粉──135g

下準備

・バターは室温にもどしておく。
・粉糖、アーモンドパウダー、薄力粉はそれぞれふるう。
・オーブンは190℃に予熱する。

1 ボウルにバター、塩を入れ、ゴムべらでなめらかになるまで混ぜる。粉糖は2回に分けて加え、ゴムべらで押さえるように混ぜる。

2 アーモンドパウダーは2回に分けて加え、1と同様に混ぜる。

3 薄力粉は3回に分けて加え、ゴムべらで2、3回切ってはすくうようにさっくりと混ぜる。

4 このように、全体に混ざればOK。

POINT 生地を分けて複数のクッキーをつくる場合は、ここで生地がまとまったら分けて、それぞれに副材料を練り込む。

5 台に出し、生地を手のひらの付け根で20回ほど押し出して、均一になめらかにする。
＊副材料はここで均一に混ぜればよい。
＊生地をまとめるときはカードを使う。

6 オーブンシートで挟み、1cm厚さに伸ばし（15×15cmにする）、冷蔵庫で1時間以上寝かせる。
＊一晩寝かせると生地がまとまり、よりおいしい。
＊この状態で3日間冷蔵保存も可。

7 7.5×1.5cmの位置に印をつけ、包丁で切る。

8 シルパン（またはオーブンシート）を敷いた天板に並べ、フォークで模様をつける。170℃のオーブンで15分、裏面にも焼き色がつくまで焼く。網にのせて冷ます。
＊焼き時間の半分が経過したら、天板を反転させてむらなく焼く。
＊冷めたら乾燥剤を入れた容器で保存。

ショートブレッド の アレンジ

ラムコーヒー

材料（1.5×1.5×高さ1cm×100個分）

p.76の《基本の材料》と同じ。

【追加の材料】
ラム酒─6g
インスタントコーヒー
　（ネスカフェゴールドブレンドを使用）─4g

つくり方

1　ラム酒とインスタントコーヒーは合わ
　せて混ぜ、コーヒーを溶かしておく。
2　p.76の工程4で生地がまとまってきた
　ら、1を加えて切るように混ぜ、工程5
　に進む。1.5cm四方の正方形に切り、
　竹串で模様をつけ、170℃のオーブ
　ンで12分焼く。

アールグレイ ラベンダーアイシング

材料（7.5×1.5×高さ1cm×20本分）

p.76の《基本の材料》と同じ。

【追加の材料】
アールグレイの茶葉─2g
粉糖─80g
水─15g
食用ラベンダー─5g
＊アイシングは量が少なすぎるとつくりにく
いので、1/2量より減らさないこと。

つくり方

1　アールグレイの茶葉はコー
　ヒーミルまたは包丁で細かく
　刻む。
2　p.76の工程4で生地がまと
　まってきたら、1を加えて切
　るように混ぜる。工程5に進
　み、基本と同様に焼く。

3　アイシングをつくる。ボウルに
　ふるった粉糖と水を入れ、ツ
　ヤが出るまでゴムべらで練り
　混ぜる。刷毛で表面に薄くア
　イシングを塗り広げ、ラベン
　ダーをのせ、アイシングを乾
　燥させる。

ガレットブルトンヌ（プレーン）

粉は少なめで、バターがたっぷり入ったサクサクの口当たり。
個数分のアルミ型かセルクルを用意しておきましょう。

材料（直径5cm×高さ1cm×9枚分）

基本の材料

バター（食塩不使用）──90g
塩──2g
粉糖──65g
卵黄──20g（1個分）
ラム酒──3g
アーモンドパウダー──15g
薄力粉──80g
◆ツヤ出し用
　全卵──20g

下準備

・バター、卵黄は室温にもどしておく。
・粉糖、アーモンドパウダー、薄力粉はそれぞれふるう。
・直径5cmのアルミの型またはセルクルを個数分用意する（抜き型はセルクル）。
・オーブンは190℃に予熱する。

1 ボウルにバター、塩を入れ、ゴムべらでなめらかになるまで混ぜる。粉糖は2回に分けて加え、ゴムべらで押さえるように混ぜる。

2 卵黄は3回に分けて加え、ゴムべらで円を描くようにすり混ぜる。よく混ざってツヤが出たら、次の卵を入れ、同様に混ぜる。ラム酒を加えて混ぜる。

3 アーモンドパウダーを加え、1と同様に混ぜる。

4 薄力粉は3回に分けて加え、ゴムべらで2、3回切ってはすくうように混ぜる。
POINT 副材料を入れる場合はここで加える。

5 オーブンシートで生地を挟み、めん棒で1cm厚さに伸ばし、冷蔵庫で5時間以上寝かせる。
＊一晩寝かせると生地がまとまり、よりおいしい。
＊この状態で3日間冷蔵保存も可。

6 直径5cmのセルクルで抜いてアルミ型に入れ、天板にのせる（またはシルパンかオーブンシートを敷いた天板にのせてセルクルをはめる）。
＊余った生地はまとめて、再度伸ばして同様に抜く。

7 刷毛で卵液を塗る。

8 フォークで模様をつけ、170℃のオーブンで30分焼く。網にのせて冷ます。
＊焼き時間の半分が経過したら、天板を反転させてむらなく焼く。
＊冷めたら型から外し、乾燥剤を入れた容器で保存。

ガレットブルトンヌ の アレンジ

ショコラ

材料（直径5㎝×高さ1㎝×9枚分）

p.78の《基本の材料》と同じ。

【追加の材料】
ココアパウダー―8g

つくり方

p.78の工程**4**で生地がまとまってきたら、ココアパウダーを加えて切るように混ぜる。工程**5**に進み、基本と同様につくる。

抹茶

材料（直径5㎝×高さ1㎝×9枚分）

p.78の《基本の材料》と同じ。

【追加の材料】
抹茶―4g

つくり方

p.78の工程**4**で生地がまとまってきたら、抹茶を加えて切るように混ぜる。工程**5**に進み、基本と同様につくる。

さつまいも

材料（直径5㎝×高さ1㎝×9枚分）

p.78の《基本の材料》と同じ。

【追加の材料】
さつまいも―1/2本

つくり方

1 さつまいもはラップをし、600Wの電子レンジで約5分、竹串がすっと通るまで加熱する。熱いうちに皮をむき、ざるでこしてペースト状にして冷ます。

2 p.78の工程**4**で生地がまとまってきたら、**1**を50g加えて切るように混ぜる。工程**5**に進み、170℃のオーブンで35分焼く。

基本の絞り出しクッキー（プレーン）

生地をつくった後、冷蔵庫で冷やしかためる時間が必要ないので
混ぜたらすぐに焼けるのが特徴。サイズどおりにつくるために、
オーブンシートにガイドラインを引いておき、線に沿って絞りましょう。

材料（焼き上がり：直径4cmのバラ形×35枚分）

基本の材料

バター（食塩不使用）——100g
バニラビーンズペースト——1g
塩——1g
粉糖——40g
卵白——30g
薄力粉——120g

下準備

・バター、卵白は室温にもどしておく。
・粉糖、薄力粉はそれぞれふるう。
・絞り袋と口径1cm・8切の星口金を用意する。
・紙に直径3.5cmの円形を、間隔を空けて描いておく。巻末にある円形のガイドラインの紙を切り取って使っても可。スクエア形（p.83、p.85）は3.5cm四方の四角形を使用。
・オーブンは200℃に予熱する。

1 ボウルにバター、バニラビーンズペースト、塩を入れ、ゴムベらでなめらかになるまで混ぜる。粉糖を2回に分けて加え、押さえるように混ぜてなめらかにする。

2 卵白は3回に分けて加える。

6 このように粉っぽさがなくなればOK。

POINT 生地を分けて複数のクッキーをつくる場合は、ここで生地がまとまったら分けて、それぞれに副材料を練り込む。

7 円形を描いておいた紙を天板に敷き、その上にシルパン（またはオーブンシート）をのせる。

11 紙に描いた直径3.5cmの円形に沿って、のの字に絞る。巻末のガイドラインを使用する際は、天板の大きさに合わせてずらして使い、絞り終わったら紙は引き抜く。

3 円を描くようにすり混ぜる。混ぜはじめは分離するので、よく混ざってツヤが出たら、次の卵白を入れる。

4 このようになめらかになればOK。

5 薄力粉は5回に分けて加え、そのつどゴムべらで2、3回切ってはすくうように混ぜる。

8 絞り袋に星口金をセットし、口金のすぐ上の部分の絞り袋を口金の中に押し込んで、生地を入れたときに出ないようにする。

9 絞り袋に生地を入れる。全量入れると絞りにくいので、手のひらに収まるくらいの量がよい。

10 口金の中に入っていた絞り袋を抜き、カードで生地を口金のほうに押し出す。

12 焼く前に10分ほど冷蔵庫に入れると生地がだれにくい。

13 180℃のオーブンで15分、裏面にも焼き色がつくまで焼く。網にのせて冷ます。シェル形(p.82〜83、p.85)の場合は、160℃のオーブン(予熱は180℃)で12分焼く。

＊焼き時間の半分が経過したら、天板を反転させてむらなく焼く。
＊外側のクッキーが焼けたら、先に取り出す。
＊冷めたら乾燥剤を入れた容器で保存。

絞り出しクッキー の アレンジ

ココア

材料（焼き上がり：2.5×2cmのシェル形×60個分）

p.80の《基本の材料》と同じ。

【追加の材料】
ココアパウダー──10g

つくり方

1 p.80〜81の工程6で生地がまとまってきたら、ココアパウダーを加えて切るように混ぜる。
2 工程7に進み、工程11でシェル形に絞り（p.85を参照）、160℃のオーブンで12分焼く。

紅茶

材料（焼き上がり：2.5×2cmのシェル形×60個分）

p.80の《基本の材料》と同じ。

【追加の材料】
アールグレイ茶葉──4g

つくり方

1 アールグレイの茶葉はコーヒーミルまたは包丁で細かく刻む。
2 p.80〜81の工程6で生地がまとまってきたら、1を加えて切るように混ぜる。
3 工程7に進み、工程11でシェル形に絞り（p.85を参照）、160℃のオーブンで12分焼く。

ほうじ茶

材料（焼き上がり：直径4cmのバラ形×35枚分）

p.80の《基本の材料》と同じ。

【追加の材料】
ほうじ茶パウダー──6g

つくり方

p.80〜81の工程6で生地がまとまってきたら、ほうじ茶パウダーを加えて切るように混ぜる。工程7に進み、基本と同様につくる。

ほうじ茶パウダー
お湯を注ぐだけでほうじ茶として飲めるパウダー。粒子が細かいのでクッキーに練り込むのにそのまま使えて便利。

いちご

材料（焼き上がり：2.5×2cmのシェル形×60個分）

p.80の《基本の材料》と同じ。

【追加の材料】
いちごパウダー——10g
製菓用ホワイトチョコレート——100g
＊チョコレートは量が少なすぎるとつくりにくいので、
1/2量より減らさないこと。

つくり方

1 p.80〜81の工程6で生地がまとまってきたら、いちごパウダーを加えて切るように混ぜる。
2 工程7に進み、工程11でシェル形に絞り（p.85を参照）、160℃のオーブンで12分焼いて冷ます。
3 チョコレートは湯煎で40℃になるまで溶かし、クッキーの先にディップしてオーブンシートの上で乾かす。

レモンアイシング

材料（焼き上がり：2.5×2cmのシェル形×60個分）

p.80の《基本の材料》と同じ。

【追加の材料】
粉糖——80g
レモン汁——15g
グリーンピスタチオ（細かく刻む）——5g
＊アイシングは量が少なすぎるとつくりにくいので、1/2量より減らさないこと。

つくり方

1 p.80〜81の工程11でシェル形に絞り（p.85を参照）、160℃のオーブンで12分焼いて冷ます。
2 ボウルにふるった粉糖とレモン汁を入れ、ツヤが出るまでゴムべらで練り混ぜてアイシングをつくる。クッキーの先にアイシングをディップし、ピスタチオをトッピングする。

チョコレートがけ

材料（焼き上がり：4cm四方のスクエア形×30枚分）

p.80の《基本の材料》と同じ。

【追加の材料】
製菓用スイートチョコレート——100g
＊チョコレートは量が少なすぎるとつくりにくいので、
1/2量より減らさないこと。

つくり方

1 p.80〜81の工程11でスクエア形に絞り（p.85を参照）、工程13と同様に焼いて冷ます。
2 チョコレートを湯煎で40℃になるまで溶かし、クッキーの右上にディップし、オーブンシートの上で乾かす。

チェリー

材料（焼き上がり：直径4cmのバラ形×35枚分）

p.80の《基本の材料》と同じ。

【追加の材料】
ドレンチェリー──5個

つくり方

1　チェリーは8等分にカットする。

2　p.80〜81の工程12で直径3.5cmのバラ形に絞る。生地の真ん中にチェリーをのせ、工程13と同様に焼く。

フロランタン

材料（焼き上がり：直径4cmのサークル形×35枚分）

p.80の《基本の材料》と同じ。

【追加の材料】
グラニュー糖──30g
はちみつ──15g
バター（食塩不使用）──7g
生クリーム──7g
アーモンドスライス（細かく刻む）──40g

つくり方

1　鍋にグラニュー糖、はちみつ、バター、生クリームを入れて中火にかけ、ふつふつと煮立ってきたら、アーモンドを加えて絡める。さらに1分ほど、キャラメルの色はつかず水分が軽くとぶまで中火にかける。

2　オーブンシートに移し（a）、直径1cmの棒状に丸めて（b）冷蔵庫で冷やす。かたまったら1cm幅にカットする。

3　p.80〜81の工程11でサークル形に絞り（p.85を参照）、2を真ん中に置き（c）、工程13と同様に焼く。

a　　　　b　　　　c

84

いろいろな絞り方

基本の絞り出しクッキーのページでは、ベーシックなバラ形を紹介しましたが、
そのほかにもいろいろな絞り方があり、表情が変わります。

サークル形

バラ形は中央から始めてのの字に
絞りますが、こちらは円を描くようにし
て、中央部分は空けて絞ります。中央
にフロランタンなどをのせる（p.84）こ
とも。絞り終わりは力を抜いてすっと
引き、自然に細くなるようにするときれ
いです。

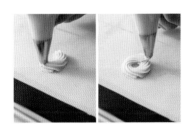

シェル形

絞り始めはこんもりとさせ、絞り終わり
はすっと引くことで、小さな貝殻のよう
な形をつくります。2〜2.5cmサイズに
小さく絞るのがポイント。一口サイズ
で食べやすく、すき間に入れる小さな
クッキーとしても使えます。

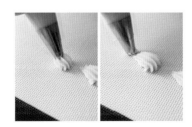

スクエア形

逆向きのS字に絞ることで、波のような
模様が特徴の四角形をつくります。
最初から最後まで均一な太さに絞り、
最後は絞り袋を傾けて生地を切るよ
うにします。バラ形やサークル形とは
また違った、しなやかな雰囲気に焼き
上がります。

ラングドシャ（プレーン）

バターや薄力粉は少なく、卵白が多めの緩い生地なので
焼くと広がって、薄く丸い形に焼き上がります。
チョコレートやプラリネなどをサンドするのも定番です。

材料（焼き上がり：直径3.5cm×35枚分）

基本の材料

バター（食塩不使用）―40g
粉糖―50g
アーモンドパウダー―15g
卵白―40g
薄力粉―40g

下準備

・バター、卵白は室温にもどしておく。
・粉糖、アーモンドパウダー、薄力粉はそれぞれふるう。
・絞り袋に口径1cmの丸口金をセットする。
・紙に直径2.8cmの円形を、間隔を空けて描いておく。巻末にある円形のガイドライン（内側の点線のほう）の紙を切り取って使っても可。
・オーブンは180℃に予熱する。

1 ボウルにバターを入れ、ゴムべらで押さえるように混ぜてなめらかにする。

2 粉糖は2回に分けて加え、押さえるように混ぜる。

6 このくらいのサラサラな状態になればOK。

7 薄力粉は3回に分けて加え、ゴムべらで2、3回切ってははすくうように混ぜる。

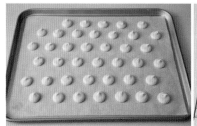

11 160℃のオーブンで13分、全体にうっすらと焼き色がつくまで焼く。
＊焼き時間の半分が経過したら、天板を反転させてむらなく焼く。
＊外側のクッキーが焼けたら、先に取り出す。

12 焼けたら網にのせて冷ます。
＊冷めたら乾燥剤を入れた容器で保存。

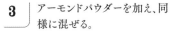

3 アーモンドパウダーを加え、同様に混ぜる。

4 卵白を5回に分けて混ぜ、円を描くようにすり混ぜる。

5 よく混ざってツヤが出たら、次の卵白を入れる。

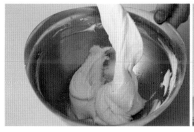

8 このように、ツヤが出てもったりするまでしっかり混ぜる。

POINT 生地を分けて複数のクッキーをつくる場合は、ここで生地がまとまったら分けて、それぞれに副材料を練り込む。

9 円形を描いておいた紙を天板に敷き、その上にオーブンシートをのせる。

＊ラングドシャはシルパンよりオーブンシートのほうがきれいに焼ける。

10 絞り袋に生地を入れ、直径2.8cmの平たい丸形に絞る。巻末のガイドラインを使用する際は、天板の大きさに合わせてずらして使い、絞り終わったら紙は引き抜く。

メレンゲ（レモン）

卵白と砂糖を泡立てたものを、絞って焼いたのがメレンゲ。
すき間用のお菓子として、ごく小さく絞って焼きました。

材料（つくりやすい分量）

基本の材料

卵白―30g（1個分）
グラニュー糖―30g
粉糖―40g
◆レモンフレーバー用
レモン汁―5g
レモンの皮―1個分
＊すき間用に少量しか使わない場合でも、全量のほうがつくりやすい。

下準備

・粉糖はふるう。
・絞り袋に口径0.8cmの丸口金をセットする。
・オーブンは100℃に予熱する。

1 ボウルに卵白を入れ、ハンドミキサーで混ぜる。

2 跡がついてきて、六分立てになったら、グラニュー糖を3回に分けて加え、そのつどよく混ぜる。レモン汁も加え、角が立つまで泡立てる。

3 このくらいに角が立つ状態になったらOK。

4 粉糖を一度に加え、下からすくうように20回ほど混ぜる。

5 粉っぽさがなくなったら、絞り袋に入れる。
＊すくった生地がゴムべらから落ちてこなくなったら混ぜるのをやめる。

6 オーブンシートを敷いた天板に絞る。位置を変えずに絞り、丸く膨らんだら、そのまま引き上げ、しずく形に絞り出す。

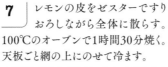

7 レモンの皮をゼスターですりおろしながら全体に散らす。
100℃のオーブンで1時間30分焼く。天板ごと網の上にのせて冷ます。
＊室温になるまで冷まし、さくっと割れたらOK。しんなりしていたら、さらに100℃で乾燥するまで焼く。
＊冷めたら乾燥剤を入れた容器で保存。

ラングドシャ | の | アレンジ

チョコレートサンド
（スイート／ホワイト／ストロベリー）

材料（焼き上がり：直径3.5cm×15組）

p.86の《基本の材料》と同じ。

【追加の材料】
製菓用チョコレート
（スイート、ホワイト、ストロベリーのいずれか）
——各100g
＊チョコレートは量が少なすぎるとつくりにくいので、1/2量より減らさないこと。

つくり方

1 p.86～87と同様にプレーンのラングドシャを焼く。
2 チョコレートを湯煎で40℃になるまで溶かす。
3 1は同じ大きさの2枚を1組にし、片方の平たい面に2をスプーンで落として広げ、もう1枚のラングドシャで挟む。オーブンシートにのせて乾かす。

チョコプラリネサンド

材料（焼き上がり：直径3.5cm×15組）

p.86の《基本の材料》と同じ。

【追加の材料】
スイートチョコレート——40g
プラリネアーモンド——20g
＊チョコプラリネは材料が少なすぎるとつくりにくいので、全量でつくること。

つくり方

1 p.86～87と同様にプレーンのラングドシャを焼く。
2 チョコレートとプラリネアーモンドを合わせ、湯煎で40℃になるまで溶かす。
3 1は同じ大きさの2枚を1組にし、片方の平たい面に2をスプーンで落として広げ、もう1枚のラングドシャで挟む。オーブンシートにのせて乾かす。

プラリネアーモンド
アーモンドに砂糖を加えてペースト状にしたもので、チョコレートに加えるだけでナッツとキャラメルの風味がプラスされ、本格的な洋菓子の味わいに。

ココア

材料(焼き上がり:直径3.5cm×35枚分)

p.86の《基本の材料》と同じ。

【追加の材料】
ココアパウダー——6g
カカオニブ——適量

つくり方

1 p.86〜87の工程8で生地がまとまってきたら、ココアパウダーを加えて切るように混ぜる。
2 工程9に進み、工程11で生地を絞り終えたら、カカオニブを散らして焼く。

緑茶

材料(焼き上がり:直径3.5cm×35枚分)

p.86の《基本の材料》と同じ。

【追加の材料】
緑茶パウダー——6g

つくり方

p.86〜87の工程8で生地がまとまってきたら、緑茶パウダーを加えて切るように混ぜる。工程9に進み、基本と同様につくる。

メレンゲ の アレンジ

いちご

材料(つくりやすい分量)

p.88の《基本の材料》と同じ。

【追加の材料】
いちごピューレ(冷凍は解凍しておく)——10g
いちごパウダー(フリーズドライ)——5g

つくり方

1 p.88の工程2でレモン汁の代わりにいちごピューレを加える。
2 工程3に進み、工程7でレモンの皮の代わりに、いちごパウダーを茶こしで散らして焼く。

ラズベリー

材料（つくりやすい分量）

p.88の《基本の材料》と同じ。

【追加の材料】
ラズベリーピューレ（冷凍は解凍しておく）—10g
ラズベリーパウダー（フリーズドライ）—5g

つくり方

1 p.88の工程2でレモン汁の代わりに
ラズベリーピューレを加える。
2 工程3に進み、工程7でレモンの皮
の代わりに、ラズベリーパウダーを茶
こしで散らして焼く。

カシス

材料（つくりやすい分量）

p.88の《基本の材料》と同じ。

【追加の材料】
カシスピューレ（冷凍は解凍しておく）—10g

つくり方

p.88の工程2でレモン汁の代わりにカシ
スピューレを加える。工程3に進み、工
程7でレモンの皮は散らさずに焼く。

ベリーのピューレ
いちごやラズベリー、カシスのピューレは
冷凍の市販品を使うと便利。濃縮した
フルーツの甘みと酸味が加わり、メレン
ゲがきれいな色に仕上がる。

ゆず

材料（つくりやすい分量）

p.88の【基本の材料】と同じ。

【追加の材料】
ゆずの皮—1個分

つくり方

p.88の工程2でレモン汁は加え
ず、工程3に進む。工程7でレモ
ンの皮の代わりに、ゆずの皮を
ゼスターですりおろしながら散ら
して焼く。

抹茶

材料（つくりやすい分量）

p.88の【基本の材料】と同じ。

【追加の材料】
抹茶—3g

つくり方

1 p.88の工程2でレモン汁は加えず、
工程3に進む。工程4で、粉糖と一緒
に抹茶1gをふるってから加える。
2 工程7でレモンの皮の代わりに、抹
茶2gを茶こしで散らして焼く。

すき間に入れる小さなお菓子

クッキーとは違う質感で、小さな形状のお菓子を組み合わせると
クッキー缶の表情がより豊かになり、ビジュアルの完成度が高まります。
空いたスペースをしっかり埋めてくれる、なくてはならない存在です。

くるみの糖衣がけ

材料（つくりやすい分量）

グラニュー糖—50g
水—15g
塩—1g
くるみ—100g

下準備

・くるみは150℃のオーブンで15
　分から焼きし、冷ましておく。

つくり方

1　厚手の鍋にグラニュー糖、水、塩
　を入れて火にかけ、砂糖が溶けて
　とろみがついてきたら火を止める
　（a）。
2　くるみを加えてゴムべらで絡める
　（b）。
3　くるみの周りに均一に砂糖が白く
　ついてきたら（c）、オーブンシート
　に広げ、熱いうちに1粒ずつ離し
　て冷ます（d）。

a　　　　b　　　　c　　　　d

アマンドショコラ

材料(70個分)

グラニュー糖―25g
水―20g
ローストアーモンド(皮付き)―90g
バター―5g
製菓用スイートチョコレート―125g
ココアパウダー―30g

下準備

・チョコレートは湯煎で40℃になる
　まで溶かしておく。

つくり方

1　厚手の鍋にグラニュー糖、水を
　入れて火にかけ、砂糖が溶けて
　とろみがついてきたら火を止め
　る。アーモンドを加えてゴムべら
　で絡める。

2　アーモンドの周りに均一に砂糖
　が白くついてきたら(a)、再び
　中火にかけてキャラメル色にな
　るまでよく混ぜる。火を止めてバ
　ターを加え(b)、よく混ぜる。

3　オーブンシートの上にアーモン
　ドを広げ、1粒ずつ離して冷ます
　(c)。

4　氷水にあてたボウルにアーモン
　ドを入れ、溶かしたチョコレート
　を大さじ2ずつ加える(d)。ゴム
　べらでアーモンドにチョコレート
　を絡めるように混ぜる(e)。混
　ぜ続けているうちにチョコレート
　がカサカサとした状態に固まっ
　てきたら(f)、チョコレート大さじ
　2を加えていくことを繰り返し、
　チョコレートをすべて加えて混
　ぜる。

5　4を別の容器に入れ、ココアパ
　ウダーをまぶす(g)。

クロッカン（プレーン）

材料（つくりやすい分量）

卵白—20g
粉糖—65g
ローストアーモンド
　（皮付き／細かく刻む）—50g
チョコレートチップ—20g
薄力粉—4g

下準備

・粉糖、薄力粉はそれぞれふるう。
・オーブンは190℃に予熱する。

つくり方

1　ボウルに卵白と粉糖を入れ
　（a）、泡立て器でツヤが出て
　もったりするまで2分ほどすり混
　ぜる（b）。アーモンド、チョコレー
　トチップを加えてゴムべらでさっ
　くりと混ぜる（c）。
2　薄力粉を加えてツヤが出るまで
　混ぜ（d）、オーブンシートを敷
　いた天板に、スプーンですくっ
　て直径1.5cmほどの大きさに落
　とす（e）。
3　170℃のオーブンで17分、裏面
　がきれいにはがれるまで焼き、
　網の上で冷ます。

抹茶

材料（つくりやすい分量）

左記のクロッカン（プレーン）の材料
と同じ。

【追加の材料】
抹茶—1g

つくり方

工程2で薄力粉を混ぜたら抹茶も
加え、ゴムべらでツヤが出るまで混
ぜる。プレーンと同様に生地を落と
して焼く。

a　b　c　d　e

クラッカー（チーズ、青のり&ごま、ハーブ、パプリカ）

材料(つくりやすい分量)

薄力粉—100g
パルメザンチーズ—30g
グラニュー糖—10g
ベーキングパウダー—2g
塩—2g
粗びき黒こしょう—0.5g
太白ごま油—25g
水—25g
◆トッピング
　パルメザンチーズ、青のり、
　白ごま、ミックスハーブ、
　パプリカパウダー—各適量

下準備

・薄力粉はふるう。
・オーブンは190℃に予熱する。

つくり方

1　ボウルに薄力粉、パルメザンチーズ、グラニュー糖、ベーキングパウダー、塩、黒こしょうを入れてゴムべらで混ぜ、太白ごま油を3回に分けて回し入れ（a）、混ぜる（b）。手ですり混ぜるようにして細かくする（c）。

2　水を3回に分けて回し入れ、生地を手で押してまとめる（d）。

3　生地をオーブンシートで挟み、2㎜厚さにめん棒で伸ばし（e）、冷蔵庫で30分冷やす。
＊薄く伸ばすことがおいしさのポイント。

4　2㎝四方の正方形にカットし（f）、好みのトッピング（チーズ、青のりと白ごま、ハーブ、パプリカ）を散らす（g）。シルパン（またはオーブンシート）を敷いた天板に間隔を空けてのせ（h）、170℃のオーブンで20分焼く。

加藤里名（かとう・りな）

菓子研究家。合同会社Sucreries 代表。パティスリー"イル・ブルー・シュル・ラ・セーヌ"にてフランス菓子を学び、渡仏。"ル・コルドンブルー・パリ"の菓子上級コースを卒業後、パリのパティスリー"ローラン・デュシェーヌ"にて研修。2015年より東京・神楽坂にて、フランス菓子をベースとした"洋菓子教室Sucreries"を主宰。不定期で開催しているクッキー缶のレッスンは、予約がすぐに埋まるほどの人気。また、こちらも不定期で販売しているクッキー缶も発売後すぐに売り切れ必至。著書に『レモンのお菓子づくり』『マドレーヌとフィナンシェの実験室』（誠文堂新光社）、『パウンドケーキ無限レシピ』（主婦と生活社）などがある。
https://www.rina-kato-sucreries.com/

はじめてのクッキー缶
もらってうれしい小さなお菓子と詰め方のコツ

2020年10月20日　第1刷発行
2024年4月25日　第6刷発行

著者─────加藤里名

発行者─────木下 春雄
発行所─────一般社団法人　家の光協会
　　　　　　〒162-8448　東京都新宿区市谷船河原町11
　　　　　　電話　03-3266-9029（販売）
　　　　　　　　　03-3266-9028（編集）
　　　　　　振替　00150-1-4724
印刷・製本───図書印刷株式会社

ブックデザイン───藤田康平（Barber）
撮影─────────福尾美雪
スタイリング─────西﨑弥沙
調理アシスタント───森本成美・今牧美幸
校正─────────安久都淳子
DTP制作───────天龍社
編集─────────広谷綾子

材料提供
製菓材料・ラッピングの通販サイト「cotta（コッタ）」
コールセンター：0570-007-523（ナビダイヤル：有料）
https://www.cotta.jp